高速公路桥梁设计与
工程管理研究

王 起 李 维 阚 斌 主编

哈尔滨出版社
HARBIN PUBLISHING HOUSE

图书在版编目（CIP）数据

高速公路桥梁设计与工程管理研究 / 王起，李维，阚斌主编． -- 哈尔滨：哈尔滨出版社，2023.1
ISBN 978-7-5484-6823-3

Ⅰ．①高… Ⅱ．①王… ②李… ③阚… Ⅲ．①高速公路－公路桥－桥梁设计－研究②高速公路－公路桥－施工管理－研究 Ⅳ．①U448.14

中国版本图书馆CIP数据核字（2022）第190117号

书　　名：	高速公路桥梁设计与工程管理研究
	GAOSU GONGLU QIAOLIANG SHEJI YU GONGCHENG GUANLI YANJIU
作　　者：	王　起　李　维　阚　斌　主编
责任编辑：	张艳鑫
封面设计：	张　华
出版发行：	哈尔滨出版社（Harbin Publishing House）
社　　址：	哈尔滨市香坊区泰山路82-9号　邮编：150090
经　　销：	全国新华书店
印　　刷：	河北创联印刷有限公司
网　　址：	www.hrbcbs.com
E-mail：	hrbcbs@yeah.net
编辑版权热线：	（0451）87900271　87900272
开　　本：	787mm×1092mm　1/16　印张：10　字数：214千字
版　　次：	2023年1月第1版
印　　次：	2023年1月第1次印刷
书　　号：	ISBN 978-7-5484-6823-3
定　　价：	68.00元

凡购本社图书发现印装错误，请与本社印制部联系调换。

服务热线：（0451）87900279

编 委 会

主　编

王　起　驻马店市公路工程开发有限公司

李　维　四川交投设计咨询研究院有限责任公司

阚　斌　山东省临沂市道路运输服务中心

副主编

刘永章　山东华潍工程监理咨询有限公司

杨云云　山东华潍工程监理咨询有限公司

袁　江　中交第二公路工程局有限公司

赵福亭　山东华潍工程监理咨询有限公司

王　龙　山东华潍工程监理咨询有限公司

祁婷婷　潍坊市经纬公路开发有限公司

孙锡聪　山东华潍工程监理咨询有限公司

唐　庚　山东华潍工程监理咨询有限公司

前言

随着高速公路建设事业的不断发展，桥梁工程的数量显著增多。桥梁工程越来越广泛地应用到高速公路建设中，不仅是周边地理环境的需要，更是优化高速公路整体结构的必然结果。桥梁工程对施工环境条件的要求较高，容易产生质量问题和安全隐患。随着科学技术的不断进步和施工工艺的不断改良，公路桥梁的施工水平得到显著提高，但是在施工过程中对各个工序的控制和各个环节的质量标准必须严格把关，不然就会出现病害，不仅不可逆转，同时，也给将来的桥梁养护工程埋下隐患。

我国当前经济发展处于转型期间，公路桥梁作为交通运输系统的主要组成部分，会对地区经济发展和规划造成重要影响，因此需根据工程项目的实际情况制订科学的设计方案，从而提升公路桥梁性能并延长其使用寿命。

社会经济的不断发展进步，促进了我国高速公路的发展建设。且高速公路有着通行能力强、行驶速度快等特征，所以桥梁病害的影响也就远远大于一般公路。在公路桥梁管理工作中，找出各种病害并采取高效的措施进行预防治理，是一项极为重要的工作。除此之外，在进行高速公路的施工时，还要始终将安全放在首位，只有这样才能保证高速公路施工的顺利进行，保证公路整体的高质量，进一步促进我国社会经济的发展。

本书是关于高速公路设计的，主要讲述的是高速公路桥梁设计以及工程管理，内容围绕高速公路自身特点、高速公路桥梁设计、工程管理等方面展开。通过本书的讲述，希望能给读者提供一定的借鉴作用。

目 录

第一章 概述 ... 1
- 第一节 背景 ... 1
- 第二节 高速公路改扩建工程的相关术语 ... 3
- 第三节 高速公路改扩建工程特点 ... 4
- 第四节 主要内容 ... 6
- 第五节 国内外高速公路改扩建建设与发展 ... 8

第二章 高速公路桥梁常用加固技术 ... 11
- 第一节 表面缺陷和裂缝修补 ... 11
- 第二节 增大截面加固方法 ... 19
- 第三节 粘贴钢板加固方法 ... 21
- 第四节 粘贴碳纤维复合材料加固方法 ... 24
- 第五节 体外预应力加固方法 ... 27
- 第六节 改变结构体系加固方法 ... 30
- 第七节 桥面系补强和减载方法 ... 32

第三章 高速公路设计 ... 37
- 第一节 高速公路路基路面一体化设计方法 ... 37
- 第二节 软基处理技术 ... 49

第四章 桥梁的总体规划和设计 ... 61
- 第一节 桥梁设计的基本原则与程序 ... 61
- 第二节 桥梁的纵、横断面设计和平面布置 ... 64
- 第三节 桥梁设计的方案比较 ... 80
- 第四节 桥梁的设计作用及其效应组合 ... 83

第五章 桥梁管理的中长期策略规划关键技术研究 ································ 86

第一节 策略总则研究 ·· 86
第二节 桥梁管理体制建设规划 ·· 90
第三节 桥梁的检测评估规划 ·· 100
第四节 桥梁日常管理及维修加固规划 ······································ 106
第五节 桥梁数字化管理系统规划 ··· 115

第六章 工程管理研究 ··· 123

第一节 管理目标 ·· 123
第二节 管理体系 ·· 127
第三节 管理制度 ·· 130
第四节 管理措施 ·· 138
第五节 实施细则 ·· 142

结　语 ·· 147

参考文献 ·· 148

第一章 概述

第一节 背景

高速公路作为现代化的公路运输基础设施，其产生和发展是国民经济发展的必然结果，是衡量一个国家公路交通运输和汽车工业现代化水准的重要标志，在公路交通运输和国民经济发展中具有举足轻重的地位和作用。1988年建成通车的沪嘉高速公路，标志着中国大陆高速公路零的突破，从此以高速公路为标志的现代公路运输体系进入了一个新的建设发展时期。从1988年到2010年，高速公路建设经历了高速增长期，全国高速里程以每年20%~80%的同比增速增长，特别是1998—2010年间每年平均新通车高速公路里程在5100km以上。

进入21世纪以来，随着我国经济的持续快速发展，部分早期建设的高速公路，如长三角、珠三角、环渤海湾地区高速公路及国家高速公路网中的南北向、东西向交通主骨架，年交通流量平均增长率多在10%以上，甚至达到20%以上，其交通流量的实际增长远超出项目立项时的交通量增长预测值，并在未来一段时期内仍将保持较高的增长速度。随着交通流量的持续增长，高速公路的服务水平不断降低，个别路段拥堵严重、事故频发，呈现出交通量饱和、运输能力十分紧张的状况，已不能适应经济社会发展和城乡建设的需求，高速公路改扩建已成为我国交通基础设施建设中的一项重要而紧迫的任务。

在加快路网建设的同时，一些省（市、区）陆续开展了对部分高速公路实施改扩建的工程探索与实践，取得了一些相关研究成果和工程经验。目前，国内已有广佛高速、沪杭甬高速、南京绕城高速、沈大高速、沪宁高速、京港澳安新段、连霍高速洛阳至郑州段、福厦漳高速、佛开高速等10多条高速公路先后完成了改扩建，大多运行良好。同时针对改扩建工程的特点和难点，许多建设单位组织开展了总体设计、路线设计、地基处理、路基路面拼接、桥梁拼接、路面材料再生、交通组织等一系列的科研课题及专题研究，研究成果也运用到工程中，提高了工程的建设质量。

2013年10月29日发布的《高速公路改扩建工程中有关技术问题处理的若干意见》（以下简称《意见》）。《意见》是交通运输部首次专门针对改扩建工程发布的指导意见，明确了改扩建工程中应坚持"统筹规划、兼顾长远、注重实效、指标合理、节约资源、绿色环保、科学组织、安全实施"的原则。《意见》共分四个部分33条,从改扩建工程中方案选择、指标选用、资源节约、建设组织、安全保障等方面提出了具体指导意见。

2015年1月1日,颁布实施的《公路工程技术标准》JTG B01—2014(以下简称《标准》),对公路改扩建的总体设计、路线、路基、路面、桥涵、交通工程及沿线设施等提出了要求。

2015年3月1日,颁布实施的《高速公路改扩建设计细则》(以下简称《细则》)及《高速公路改扩建交通工程及沿线设施设计细则》(以下简称《交通设施细则》),《细则》和《交通设施细则》为《意见》的延伸和细化,是全国高速公路改扩建设计遵循的重要规范。该《细则》针对高速公路改扩建特点,围绕技术标准采用、既有资源利用、改扩建方案选择、人工构造物的拼接、建设与运营协调等方面,在深入调研的基础上,总结了我国近年来在高速公路改扩建方面的经验,借鉴并吸收了一些发达国家的相关技术标准,力求"注重实效和谐环保"的理念,以解决当前高速公路改扩建方面存在的问题,指导和规范高速公路改扩建设计,促进高速公路运行的通畅、安全和高效。

2015年12月1日,上海市实施了《高速公路改扩建设计规范》,该规范属于上海地方标准,由上海市路政局、上海市政总院等单位组织编写,充分考虑了平原软土地区地质条件及上海市高速公路的交通特点。长三角、珠三角等广大软土地区进行高速公路改扩建设计时,均可以参考。

随着经济社会的快速发展,部分省界收费站拥堵现象日益凸显,严重影响了高速公路通行效率,增加了公路运输时间和成本。特别是从2016年到2018年,ETC呈现了快速增长态势,部分地区使用率开始超过了MTC(人工收费)。

2019年,按照部署,为深化供给侧结构性改革,推进交通运输高质量发展,交通运输部组织深化收费公路改革,取消高速公路省界收费站工程,2019年12月31日24时,全国高速公路联网收费系统顺利切换,487座省界收费站如期取消,圆满完成了"取消高速公路省界收费站"这一重大决策部署和我国乃至世界交通运输史上里程碑式任务,建成了24588套ETC门架系统,完成ETC车道改造48211条。经过2020年一整年的磨合运转,系统运行稳定有序,服务支撑了全网2亿ETC用户及日均3000余万辆流量与500万张通行费电子发票开具需求,近15万公里高速公路进入"一张网"运行新阶段。截至2020年年底,全国累计ETC客户数量达到2.2亿,占全国汽车保有量的78%,ETC使用率超过66%,彻底结束了高速公路省界收费站拥堵的历史。

与此同时,便捷高效、智能智慧、安全可靠、全网统一的高速公路客户服务体系初具规模。2019年9月,交通运输部路网监测与应急处置中心与中国政府网合作,设立了中国ETC小程序,为ETC客户提供统一线上服务渠道。已有30个省份(包括西藏)全部实现了通过小程序、APP或微信公众号查询通行费用明细、进行各类咨询投诉、反映意见等功能。全国ETC服务监督热线95022于2019年年底开通试运营,受理ETC咨询、投诉和建议。全网30个省份(含西藏)座席已接入95022平台,全网平均每天接入座席500余个,公众投诉接听率和及时处理率得到稳步提升。

取消省界收费站和 ETC 的推广应用，大幅提升了高速公路网通行能力和效率，2020年，全国高速公路网日均交通量已达到 3010.3 万辆次，有效促进了路网交通量增长并缓解了拥堵，增强了路网运输服务效能；切实提高了高速公路"一张网"管理与服务水平，大幅降低了高速公路建设与管理成本，直接推动了行业降本增效；有效促进了高速公路物流经济与节能减排，更多的重载货车通行高速公路，货车空载率由去年同期的 28% 下降为 24%，货车运输成本总体下降；为打赢疫情防控阻击战做出了重要贡献，通过落实"一断三不断"和"三不一优先"原则，采取了高速公路"免费不免责"和"免费不免服务"等重要措施，为全面取得"抗击新冠肺炎战疫"的人民战争、总体战、阻击战做出了重要贡献；成功带动了高速公路上下游产业协同发展，增强了不同地区的经济互补，推动了地区生产力布局调整和改变，推动了区域经济的全面发展。

为了更好地诠释高速公路改扩建设计的理念，本书从理论及应用实践方面全面阐述了高速公路改扩建设计技术，并结合工程实例介绍了具体应用方法，以期帮助广大工程技术人员科学正确地掌握高速公路改扩建设计方法。

第二节　高速公路改扩建工程的相关术语

高速公路改扩建工程是高速公路建设的一个新的方向，不同于新建高速公路工程，在阐述其设计理论和方法之前，有必要厘清几个重要的概念。

1. 改扩建

在既有高速公路的基础上，通过拓宽并对既有高速公路实施改造，以提高服务水平、通行能力及安全性的工程建设行为。

2. 拓宽

对既有路基、路面、桥涵等公路设施进行拼宽或分离新建，包括单侧直接拼宽、两侧直接拼宽、单侧分离新建及两侧分离新建等形式。

3. 拼宽

新建路基、路面、桥涵等通过有效的横向物理联系工程措施，与既有道路结构形成整体，共同承受荷载。

4. 线形拟合

利用实测数据，以逼近现状道路线形并满足规定的技术指标为目的，进行平面线形及纵断面线形设计。

5. 整体式扩建

整体式扩建是在既有道路内侧或外侧直接拼宽，形成整体式路幅，以达到改扩建的目的。

6. 分离式扩建

在既有道路外侧或上部通过新建分离的道路，以达到改扩建的目的。

7. 扩挖

扩挖是对既有隧道扩大断面开挖重建。

8. 同向车道分隔带

单侧直接拼宽时，将既有中央分隔带保留形成的作为分隔同向行驶车道用的带状设施。

9. 车道转换带

单侧直接拼宽时，将既有中央分隔带改造为路面后，供同向车道分隔带两侧车辆转换行驶的带状区域。

第三节　高速公路改扩建工程特点

目前我国高速公路改扩建的经验及相应的规范标准主要集中在对既有高速公路进行扩建这一方式上，二级或一级公路提升改造为高速公路的情况更加复杂，经验不成熟，实际案例极少。因此，本书主要阐述既有高速公路进行改扩建设计。

高速公路改扩建不同于新建高速公路，主要有以下六个特点：

1. 需要协调新老高速公路的建设标准

既有高速公路建设一般运营10年以上才会出现改扩建的需求，改扩建时可能会出现两种情况：

（1）改扩建时现行高速公路技术标准和既有高速公路采用技术标准不同。

现行《标准》与之前的版本有了较大的调整，如设计速度、服务水平分级、横断面宽度、桥梁设计荷载、车辆折减系数、标准车型等方面均有所变化。同时现行相应的公路路线、路基、路面、桥涵、交叉、附属设施等技术要求也有部分调整。因此，在确定设计标准时，应充分考虑两个技术标准的衔接。

（2）既有高速公路交叉的河道、铁路等技术标准变化。

随着相关行业规划的调整和既有高速公路交叉的铁路建筑限界、河道通航等级及相应的技术标准变化，在改扩建时，新建部分应当考虑按照新的技术标准要求；既有部分需要综合考虑，当既有高速公路已纳入交叉的铁路或河道的改造提升工程时，一般考虑按照新的标准，否则，宜维持既有高速公路的标准不变。同时设计应考虑相应技术标准的近远期的衔接。

2. 需要处治既有高速公路的各种病害

早期修建的高速公路，一方面，限于当时的经济条件、技术水平和经验的不足，修建的高速公路可能存在一些问题，如部分线形指标取值偏低、路基压实度不足、地基处理不到位、路面结构厚度偏薄、边坡防护不当等；另一方面，高速公路经过多年的运营，或多或少都存在着病害，如路面疲劳破损、路基沉陷、桥梁结构病害、隧道渗水、沿线交通设施破损及老化等。这些病害直接影响着既有高速公路的质量和正常运营，甚至直接威胁着高速公路运行车辆安全，造成不必要的损失，同时也给日常养护、维修工作带来许多麻烦。因此，在高速公路改扩建时，应认真细致地分析病害，提出合理的处理措施。

3. 需要协调好新老高速公路间的衔接

高速公路改扩建的难点和重点之一是处理好新老高速公路间衔接，如线形（高程和横坡）的衔接、路基差异沉降的控制、新老路基结合部、路基横向排水衔接、路面拼接、桥梁拼接、互通立交的衔接等。只有协调好新老高速公路间的路基、路面、桥梁、隧道、沿线设施，才能充分发挥高速公路改扩建工程的功能。

4. 需要合理利用既有高速公路

高速公路改扩建时，应充分考虑利用既有的路基、路面、桥梁、涵洞、交通工程及沿线设施、道路两侧富余用地等。同时，对废弃的既有道路的路基填土、路面挖除材料、桥梁拆除废料、安全设施等材料，应综合考虑尽量利用于高速公路改扩建工程或其他低等级的公路工程。

5. 需要维持施工期间既有高速公路运营

对日益繁忙的高速公路进行改扩建，完全封闭交通进行改扩建是非常困难的，因此保持既有高速公路运行状态下进行改扩建是必然选择，交通组织方案应遵循不中断和少影响原则，既要考虑施工期交通组织方案对施工方案和设计方案的反作用，又要根据总体工程方案制订可行的交通组织方案。总之，高速公路改扩建项目要制订行之有效的综合性交通保障方案，包括区域路网的交通分流组织及高速公路施工路段的交通组织两个部分，确保把改扩建对交通的影响降到最低。

6. 需要动态的设计及建设管理

由于施工周期比较长，并且施工期间还力求保证既有高速公路交通运营，根据施工现场实际情况，积极配合施工，最大化减少施工过程中对道路交通的影响，往往需要采用动态设计的方法，及时调整设计，做到方案合理、投资节省、方便施工、保证安全。例如，路面补强及加罩设计，施工图设计是根据当时的检测评价结果确定的技术方案，但是保通期间路面的技术状况会出现衰减，在实际进行路面改建时（一般时间间隔可能有2年左右），需要重新评价既有路面技术状况，动态调整路面补强及加罩的设计方案。和动态的设计一样，改扩建工程中需要动态的建设管理。包括动态的计划调整、动态的交通组织调整、根据工程实施中暴露的问题及动态的观测数据与设计动态跟踪相结合直至动态建成路段运营管理等。因此，良好的实时的动态建设管理是"保证交通、提高质量、加快建设速度"的基本保证。

第四节 主要内容

一、桥梁设计与环境配合

桥梁设计从一开始就应考虑桥梁的安全及桥梁建成后对地质、环保、造价等各方面的影响，在此基础上，选择合理的桥梁基础形式。这里特别需要注意的两个问题是：

1. 随着桥梁桩基础在公路桥梁的广泛应用，桩基成孔技术和手段越来越丰富，工程成本越来越小，工程质量越来越高，特别是在强度高且不透水的地质条件下，挖孔桩已被广泛应用。扩大基础施工工期长、费用高，基坑开挖量工程量大，对地面破坏大，从受力条件看多可用嵌岩桩结合挖孔施工代替，因此梁式桥梁选择基础方案时慎用扩大基础。

2. 在山区桥梁的建设中尤其要注意与环境的配合。在山区由于横、纵断面变化较大且地质条件复杂，往往造成开挖面很大，严重破坏地表，因此使用上应更灵活一些，将基础根据实际地形做变化灵活的设计，可减小开挖面。另外，山区桥梁在能够保证施工必需的场地和便道条件及桥梁结构安全时，尽量不要砍伐征地范围内的树木。

二、桥梁设计一般性要求和基本原则

1. 对高速公路桥梁设计的一般要求：对大跨径桥梁，采用预应力混凝土连续梁、连续钢构、钢桁梁悬索桥等多种方案。在桥位基本确定以后，本着因地制宜的原则，设计师应结合桥梁周边地质、水文、施工条件、景观协调等因素，在综合比较的基础上选桥型方案。桥梁设计应严格遵循的主要原则是：首先，在满足桥梁使用功能要求的前提下，力求桥梁造型新颖、布局合理。特别要注重墩高与桥跨的比例关系，使桥梁与周围整体景观相互协调。其次，在满足造价预算的前提下，桥梁设计中应尽量满足结构整体性好、高速行车安全性好、承载能力大的桥型。最后，应选用技术成熟、施工快速简便的桥型方案，尽量做到结构标准化、施工机械化，保证桥梁早日顺利投入使用。

2. 高速公路桥梁设计的基本原则。高速公路桥梁设计的基本原则可以从上部和下部设计两方面进行总结。上部设计中应注重主梁、伸缩缝、搭板等部分的合理构造，下部应注重桥墩、桥台等部分的设计。

（1）上部设计

1）主梁

从价值标准及施工的难易程度来看，一般有以下的一些情况：主线桥梁单孔跨径≤10m 的桥梁一般可采用普通钢筋混凝土结构；其余跨径的桥梁宜采用预应力混凝土结构；

桥梁桥长100m或20m跨径以上宜采用其他连续结构。但对于跨河桥梁由于支架现浇难度较大的问题，宜尽量采用先简支后连续结构。对于山区内中等跨径的特大、大桥，因受地形影响，现浇难度非常大，也宜采用预制的先简支后连续结构。但山区内一般平曲线较小，预制结构必须考虑平曲线的影响，考虑施工简单采用统一梁长预制，布跨跟平原区略有不同。

2）伸缩缝

从行车平稳舒适的角度考虑，在桥上应尽量少设伸缩缝。对跨径≤16m的单孔桥梁只设道伸缩缝，另一端采用桥面连续；对于两跨单孔跨径16m以下（包括16m）的桥梁，伸缩缝设于桥墩处，两侧桥台处则采用桥面连续。这样可以尽量使行车舒适，减少事故发生的可能性。

（2）下部设计

1）桥墩

对于普通结构的桥梁一般宜采用柱式墩身上置盖梁的框架式体系。下面分成两种情况：桥梁斜交角度重力式墩台、明开挖基础。

2）桥台

为减少台后填土高度给施工带来的影响，要控制填土高度。在软土路段台后填土高度宜控制在6m以下，一般路段其高度宜控制在10m以下。桥台采用扩大基础时，台身一般用重力式。为使受力更为合理，降低尺寸，节约造价，当台高8m以上时，台身前墙设置10：1的前倾斜坡。横向地面变化的重力式桥台宜设置梯式。对于采用"U"形台的扩大基础，其前墙尺寸与台身高度和地基承载力有关。

（3）设计应考虑其他方面的细节问题

除了应遵循的一般性要求和基本原则外，高速公路桥梁设计还具有与一般桥梁设计的差异之处，这特别表现在一些具体的细节问题上。

1）为避免在施工和运营阶段主梁沿支座产生不可恢复的侧向和纵向位移，设计中应强调支座安放必须水平，施工应保证支座顶底面安放和受力在水平面上。具体操作如下：垫石顶要水平；支座要水平放置；梁底与支座接触面也要水平，梁底应采用贴楔形钢板，或在梁底预制时，支座顶面断面处设置可调整纵向和横向角度的专用模板的方法调整。其中楔形钢板可在厂加工精度高，与梁底预埋钢板应采用焊接工艺。这样就可以避免主梁沿支座位移。

2）单跨20~40m跨径的特大桥，设计多按150~200m一联采用结构连续，设160型伸缩缝。从目前使用效果看，80型伸缩缝行车基本没有跳车和噪声，160型伸缩缝均存在噪声；从经济上看，一道160型缝由于受到支座性能的限制，一般设计上未使用最大伸缩量，而其造价远高于80型伸缩缝的2倍，使用80型伸缩缝还可减少现浇接头和桥墩帽梁的工程数量；另外160型伸缩缝维修时需半幅桥梁全封闭，而特长桥梁上往往未设中央分隔带缺口，造成桥经常处于半幅双向通车的不安全状态，也严重影响高速公路的使用功能。综上所述，无论从经济上和使用效果上看，有些桥梁宜尽量采用80型伸缩缝。分联采用桥台所在的联按100~150m，其他联按80~100m的长度控制结构连续联长度。

第五节　国内外高速公路改扩建建设与发展

一、国外发展状况

由于美国、德国、日本等国家开始高速公路建设的时间较早，其理论体系较为成熟和完善，随着公路研究的不断深入和道路建设的日益饱和，高速公路改造升级的方法和技术越来越受到重视。其中，以美国高速公路的改扩建建设研究最为典型，取得的成就也很显著。

二战之后，因国防要求，美国开始在国内大规模地建设高速公路，到20世纪70年代末期，美国的高速公路网基本成型，高速公路的建设从新建转向对原有道路的扩容改造。同期，美国国内数条高速公路已经开始初步地改扩建研究和实践。从1981年开始，美国政府基本上不再对高速公路新建项目投资，而是转向4R项目（Restoration，Resurfacing，Reconstruction，Relocation），即对高速公路进行重修、重新铺面、重建和重置的工程项目。1982年，美国国会通过《陆上运输资助法》，规定用于州际高速公路的资助金额中，用于4R项目的不得少于40%，这一项政策突显了美国政府对高速公路改扩建建设的重视。

TRB组织在美国召开公路扩建工程专题国际会议，总结了发达国家近10来年对高速公路扩容改建的技术和方法，会议主要集中在对结构拼接和施工方法上的总结。

美国学者Jack E.Leisch在《ITE Journal》上发表名为《Plan/Design Fea-tures and Case studies in freeway Reconstruction》的论文，较为系统地论述了高速公路改建拓宽中在几何设计上普遍遇到的问题，尤其对立交设计的问题做了很精辟的总结。美国普渡大学的Richard J.Deschamps等人对加宽路基进行了研究，提出了加宽路基的设计指南和施工步骤，并对相应的规范进行了修订。

日本已建成通车的高速公路中隧道和桥梁所占比例较大，填筑路基段大多位于山堑峡谷依山体而建，因此，根据地形条件，除少数一般的平原、丘陵挖、填方路段采用两侧拼接加宽的方式外，其他路段多以单侧拼接加宽为主，局部路段的隧道、桥梁和路基采取分离新建的做法。对路基段的拼接采用轻质填料（空气泡沫轻质稳定土或发泡聚苯乙烯EPS），拼接过程中对原路基一般不做大面积开挖台阶复压处理。路面大多采用排水性沥青混凝土，路面结构为4cm排水性沥青混凝土面层+6cm沥青防水层+10~20cm沥青处治基层+17~25cm水泥处治底基层，面层石料为坚质砂岩，其中10~13mm粒径石料占70%~80%、砂占10%~15%、矿粉占4%、树脂沥青占5%，孔隙率达20%，排水性沥青混凝土路面提高了道路的安全系数和行车的舒适性。

日本是地震灾害多发的国家，桥梁的设计更加注重抗震性能，在高速公路扩建中，一般不对原桥做直接拼接加宽处理，而是与原桥并行新建，上下结构均不做连接，多采用钢箱梁以及其他形式的钢梁结构。在需要对原桥直接做拼接加宽处理时，上下构件均做连接（当预应力混凝土连续箱梁有横向预应力时，上部结构不连接），以提高新旧桥梁连接后的整体强度。在新旧桥梁连接时采用了膨胀混凝土技术，以减小原桥行车振动产生的影响和普通硅酸盐水泥混凝土自身干缩性影响，保证新老混凝土交接处的整体性。高速公路改扩建需要新增下穿通道时，一般采用液压顶推混凝土箱体技术，形成了独特的"单桩顶推、组合成梁、圈拱浇注"的施工技术方法。

日本十分重视环境保护、安全生产、文明施工和现场作业管理，日本的高速公路拓宽改造施工也是在开放交通情况下进行的，施工中对所有运送材料的车辆都安装了防散落、防扬尘的密封设施，施工现场都分类摆放垃圾箱，严禁乱扔杂物，所有材料分类堆放整齐，工地上非常整洁，现场看不到散落的黄沙和水泥。道路的拓宽基本上做到了边填筑、边整坡、边清理、边绿化，排水设施同步施工，施工组织非常严密。

综上所述，从20世纪80年代开始至今，国外发达国家对高速公路扩容改造的方案选择由过去简单考虑满足交通功能的思维模式转变为考虑交通、生态、环境、经济、技术、社会影响等多目标的改建模式。高速公路与周边环境、生态系统和公众生活的相适性越来越受到重视，选择怎样的扩建方案及怎样利用先进技术来减小扩建项目的影响成为高速公路改扩建研究的重中之重。

通过对国外高速公路改扩建的分析可知：近几十年内国外对高速公路改扩建的研究重点在改扩建方案比选、公路改建拓宽中的几何设计、路基路面结构拼接和施工方法这几个方面，并且在设计规范中也只对高速公路改扩建提出一些原则和技术上的建议。

二、国内发展状况

我国高速公路的发展较国外发达国家整体较晚，20世纪八九十年代以前，我国公路建设多以新建为主，关于高速公路改扩建工程的研究较少，相关工程经验也比较欠缺。

20世纪90年代中后期，我国经济发展的突飞猛进，极大地带动了公路事业的发展，原有高速公路的通行能力越来越不能适应急剧增长的交通量需求，我国高速公路开始进行大规模的道路拓宽建设。这之后，国内工程技术人员对高速公路改扩建工程的研究不断深入，并在设计和施工中进行了大量的实践。

我国高速公路建设初期，由于投资及用地条件的限制，建设时大多没有预留用于拓宽的中央分隔带，使得大量国内高速公路改扩建工程需要在道路两侧进行拼接，路基不均匀沉降导致的新老路基结合问题较为突出。因此，在我国对高速公路改扩建技术研究初期，主要研究内容是路基填挖结合部不均匀沉降处治技术、匝道拼接技术、路堤加宽技术等，并以此为主开展了大量工程实践和理论研究。

随着对高速公路改扩建内容研究的越来越深入，以及新技术的不断融入，研究重点开始转向改扩建条件与时机、改扩建标准化、拓宽路基差异沉降控制标准、桥梁涵洞拼宽、路面再生技术及高速公路改扩建交通安全和施工组织等方面。

交通部专家委员会在南京主办了高速公路扩建工程技术研讨会，会议总结了近几年国内几条高速公路扩建的经验和技术问题。会议就方案制订、路基拼接处理、路面材料应用、桥梁与互通的改建等多项议题做了专题讨论，总结了国内近几年来在高速公路扩建研究中的最新成果。这次会议丰富了我国对高速公路改建领域的技术成果，为日后的标准化制定和进一步的技术研究奠定了扎实的基础。

中国公路学会青年专家委员会主持召开了第六届全国公路改扩建技术交流会，目的在于推广公路改扩建新技术和新成果，交流新经验，会议对高速公路改扩建的技术政策、工程精细化管理、改扩建设计与施工技术等进行了深入的交流。

发布的《高速公路改扩建工程中有关技术问题处理的若干意见》，是交通运输部首次专门针对改扩建工程发布的指导意见，共分四个部分33条，从改扩建工程中方案选择、指标选用、资源节约、建设组织、安全保障等方面提出了具体指导意见。

另外，近十年，一些早期的改扩建工程已先后建成通车，这些工程在改扩建方案论证比选等方面都进行了大量的分析研究，取得了丰硕的研究成果，对于后期高速公路改扩建研究具有极重要的借鉴价值。

第二章　高速公路桥梁常用加固技术

桥梁加固是预防和避免桥梁的坍塌造成物资损失和人身伤亡的必要手段，可缓和桥梁重建投资的集中性，以少量的资金投入，确保桥梁安全使用，延长桥梁的使用寿命，为国家带来经济效益，也是交通工程中的重要课题。在实际施工中对于桥梁的加固效果还要经过车辆的反复作用及时间的考验，才能够充分地验证是否达到了预期的成效。基于此，本章对高速公路常用的几种加固技术展开讲述。

第一节　表面缺陷和裂缝修补

表面缺陷和裂缝虽然不对结构安全构成直接影响，但对于裂缝如不及时处治，会间接危及结构安全。此类病害主要影响结构美观，对结构长期性能和耐久性也有不利影响。适时进行表面缺陷和裂缝修补，对保证结构正常使用、提升结构长期性能和延长其使用寿命具有重要意义。

修补裂缝是针对混凝土结构中已经发生的裂缝进行修补的一种方法，对已经出现的裂缝进行封闭，防止结构加速退化。

迄今为止，研究和开发裂缝修补技术所取得的成果表明，对因承载力不足而产生裂缝的结构、构件而言，开裂只是其承载力下降的一种表面征兆和构造性的反应，而非导致承载力下降的实质性原因，故不可能通过单纯的裂缝修补来恢复其承载功能。基于这一共识，可以将修补裂缝的作用概括为以下 5 类：

1. 抵御诱发钢筋锈蚀的介质侵入，延长结构实际使用寿命；
2. 通过补强，保持结构、构件的完整性；
3. 恢复结构的使用功能，提高其防水、防渗能力；
4. 消除裂缝对人们形成的心理压力；
5. 改善结构外观。

应该注意到，桥梁中裂缝的种类很多，从结构层面可分为结构性裂缝和非结构性裂缝。可能是由于外界环境影响、材料、设计和施工质量、超重车，甚至是结构性能退化等多方面原因引起的。应根据结构形式、裂缝类型、性质和成因、发展程度，所处的位置与环境，选用不同的修补方法。例如，对于关键受力截面的横向受力裂缝，大范围的结构性裂缝，应具体分析病害成因，确定加固对策。以下将介绍表面缺陷和裂缝的常用处置方法。

一、表面缺陷处理

1. 常用修补方法

常见的表面缺陷包括局部混凝土保护层厚度不足、蜂窝、麻面、空洞、板底凹坑、混凝土剥落及露筋、钢筋锈蚀等。这些表层缺陷虽不会引起重大安全事故，但并不意味着表层缺陷没有任何危害，如果不及时处治，这些缺陷会长时间受外界各种因素的影响，不断变化发展，往往会扩大危害性。

对于构件表面存在的上述缺陷，常用的修补方法有水泥砂浆、聚合物水泥砂浆、改性环氧砂浆、改性环氧混凝土等。聚合物水泥砂浆是将聚合物加掺到水泥砂浆中拌和均匀而成的。聚合物一般采用聚乙烯醇缩甲醛胶（107胶）。结构加固用的聚合物砂浆在安全性能上有专门要求，应与普通聚合物砂浆相区别。环氧砂浆是指掺有改性环氧乳液（或水性环氧）或其他改性共聚物乳液的高强度水泥砂浆，一般由环氧树脂、固化剂、稀释剂、粉料和细集料组成。

2. 工艺流程

（1）凿除松脱、剥离等已损害部分混凝土；

（2）对钢筋做除锈处理，并清除混凝土表面灰尘，对钢筋除锈后即进行防锈处理；

（3）涂刷混凝土界面剂；

（4）立模、配料浇筑，或喷浆、涂抹施工；

（5）对新喷涂或浇筑混凝土面进行表面处理。

3. 施工技术质量要求

（1）混凝土表面要求做到无水湿、无油污、无灰尘及其他污物，无软弱带。对混凝土面加以凿毛，保持平整、干燥、坚固、密实。

（2）混凝土表面处理可用人工凿毛，然后用压缩空气吹净，或采用风沙枪喷砂除净的方法。

（3）涂布混凝土界面剂时要求做到：

1）为使老混凝土表面能充分被环氧树脂浆液所湿润，保持良好的黏结力，在涂抹环氧砂浆时应先在表面涂一层环氧基液。

2）涂刷时，尽量薄而均匀，钢筋和凹凸不平等难于涂刷的部位，需特别注意，反复多刷几次。涂刷基液厚度应不超过1mm。

3）涂刷方式，可用毛刷人工涂布，也可用喷枪喷射。为便于涂匀，还可在基液中加入少量丙酮（3%~5%）。

4）已涂刷的表面，应注意保护，严防杂物、灰尘落入其上。

5）涂刷基液后，需间隔一定时间，使基液中的气泡清除后，再涂抹环氧砂浆，间隔时间由外界气候条件而定，不允许基液干涸后再涂抹环氧砂浆。

（4）涂抹环氧砂浆时要求做到以下两点：

1）涂抹时应摊铺均匀，环氧砂浆涂层的厚度以 0.5cm 为宜，如超过 0.5cm 时，应分层涂抹，每层厚度可控制在 0.3~0.5cm，每次涂抹均需用力压紧，并用铁抹子反复压抹，使表面翻出浆液，如有气泡，必须刺破压紧。

2）顶面涂抹时极易往下脱落，在涂刷顶层基液时，可使用黏度较大的基液，并力求均匀。

值得一提的是，严禁使用乙二胺做固化剂，因为它是一种毒性大而又脆性的固化剂，给加固结构留下安全隐患。但因它能提高早期强度和价格低廉，曾一度被广泛使用。规定要求严禁使用乙二胺做固化剂，同时禁止在结构胶黏剂掺加挥发性有毒溶剂和非反应稀释剂。建议环氧砂浆的所用结构胶黏剂采用进口成品环氧树脂胶，填料在工厂配制好，直接按供应商产品说明书的比例现场调配，施工使用方便。混凝土局部破损修补环氧水泥砂浆、聚合物水泥砂浆（强度等级 M30 以上时），建议配合比如表 2-1 所示。实际配合比以现场试配为准。

表 2-1　局部破损修补环氧水泥砂浆、聚合物水泥砂浆配比

种类	重量配合比	备注
聚合物水泥砂浆	环氧树脂：水泥：中砂 =100：100：200	修补胶各种固比剂、填料需在工厂调配好

4. 质量检验与验收

（1）原材料进场时，施工单位应会同监理单位对其品种、型号、包装、中文标志、出厂日期、出厂检验合格报告等进行检查。

（2）应对聚合物砂浆体的劈裂抗拉强度、抗折强度及拉伸抗剪强度进行见证取样复验。其检查和复验结果应符合表 2-2 的要求。

（3）混凝土表面缺陷修补后，应平整，无裂缝、脱落、起鼓。新旧混凝土的黏结情况可根据情况通过敲击法和钻芯取样法检测。

表 2-2　聚合物水泥注浆料基本性能指标

	检验项目	性能或质量指标
浆体性能	劈裂抗拉强度（MPa）	≥5
	抗压强度（MPa）	≥40
	抗折强度（MPa）	≥10
	注浆料与混凝土的正拉黏结强度（MPa）	≥2.5，且为混凝土内聚破坏

二、裂缝表面封闭修补

1. 修补方法

对预应力结构裂缝宽度 <0.10mm 和非预应力结构裂缝宽度 <0.15mm 的裂缝，采用环氧胶泥（或者采用专用裂缝修补胶）表面封闭处理。环氧胶泥是以环氧树脂、固化剂及特

种纳米填料等为基料制成的高强度、抗冲磨蚀、黏结牢固的新型薄层修补材料。一般情况下，宜采用进口品牌优质无溶剂型改性环氧树脂材料，其主要工艺流程和技术要求如下：

2. 工艺流程

基面处理→表面清理→点刮打底→面刮找平→养护→检查质量。

3. 工艺要点

（1）基面处理：用角向磨光机将混凝土表面打磨平整，并清除基面上的薄弱水泥浆层、污垢附着物等，使表面外露混凝土。

（2）表面清理：用高压水或高压风清除表面沙粒、粉尘。

（3）点刮打底：使用三角铲或小型刮刀逐个把施工面上的气孔、麻面、凹槽用环氧胶泥填塞密实。

（4）配制环氧树脂胶泥。将环氧树脂胶泥按规定比例称量准确后放置调和板上，调和均匀。一次调和量以在可使用时间内用完为准。用量推荐：环氧胶泥为 $0.7\sim1.2 kg/m^2$。

（5）面刮找平：待第一层的环氧胶泥基本固化时（施工后 4~12h），用刮刀大面积弧线往返刮抹第二层环氧胶泥，刮抹好的施工层表面要平整、光滑、无施工缝及划痕等。

（6）为确保固化封缝胶至少应养护（静养）12h 以上。

如果采用专门的裂缝修补胶，一般供应商会在出厂前将主胶、固化剂和填料等按配合比配制好，在施工现场只需按产品说明书的配合比现场调配即可施工比较方便。

4. 环氧材料施工注意事项

（1）环氧材料每次的配制数量，应根据施工能力来确定，一般不宜为 1~2kg，并要求尽可能做到随用随配。因环氧树脂加入固化剂后，即开始化学反应，故配制好的环氧材料的使用时间有一定的限制，一般在室温条件下，保存适当的环氧材料，可以使用 2h 左右。

（2）已拌制好的环氧材料，必须分散堆放。切勿成桶或堆置，以免提前固化。配料时所用的器皿宜广口浅底，易于散热，并不断搅拌。冬、夏季节，日温变化较大，涂抹、浇筑和养护环氧材料时，必须进行严格的温度控制，以防温度变化时对环氧材料施工质量产生不良影响。环氧材料各组合成分，大都易于挥发，因此施工现场必须通风，避免有害气体对人体的不良影响。同时要严格注意防火和劳动保护，操作人员必须戴口罩和橡皮手套。人体和环氧材料接触后，可用工业酒精、肥皂水与清水多次清洗，严禁用有机溶剂清洗，因为有机溶剂将环氧材料稀释，更容易渗入皮肤。

（3）在施工过程中，应文明施工和注重环境保护，不容许将用过的器具及残液等随便抛弃或投入河中，以防水质污染和发生中毒事件。施工用具可用丙酮、甲苯、二甲苯等溶剂清洗。若环氧材料已结硬在工具上，可加热刮掉，但不能燃烧，以防产生有毒烟气，危害人体健康。

5. 质量检验和验收

（1）原材料进场时，施工单位应会同监理单位对其品种、型号、包装、中文标志、出厂日期、出厂检验合格报告等进行检查。

（2）应对环氧胶泥的抗压强度、抗拉强度及与混凝土正拉黏结强度进行见证取样复验。其检查和复验结果应符合表2-3的要求。

（3）混凝土表面裂缝修补后，应平整，无裂缝、脱落、起鼓。

（4）封缝胶固化后，立即涂刷肥皂，进行压气试验，检查密封效果。

表 2-3 环氧胶泥基本性能指标

	检验项目	性能或质量指标
胶体性能	抗拉强度（MPa）	≥8
	抗压强度（MPa）	≥60
	与混凝土的正拉黏结强度（MPa）	≥2.5，且为混凝土内聚破坏

三、压力注胶（浆）修补裂缝

1. 修补方法

对预应力结构裂缝宽度 ≥0.10mm 和非预应力结构裂缝宽度 ≥0.15mm 的裂缝采用压力注浆（"壁可法"注浆）。采用压力注入的修补裂缝材料是一种高流态、塑性材料，具有不分层、不分化、固化收缩极小、体积稳定的物理特性和黏结特性，一般分为改性环氧类注浆料和聚合物改性水泥基类注浆料两类，常用改性环氧类注浆料。

2. 工艺流程

基面处理→粘贴注浆嘴和出浆嘴→裂缝表面封闭→密封检查→注入灌缝材料→养护→结构表面处理。

3. 工艺要点

（1）裂缝的检查和确认：仔细察看裂缝的情况，确定其长度和宽度，在裂缝附近沿裂缝画出标记线，并标明裂缝宽度和长度。

（2）裂缝表面混凝土的处理：用钢丝刷或砂轮机将裂缝走向 5cm 宽的范围加以打磨，清除水泥浮浆、松散物、油污等，露出清洁、坚实的混凝土表面。

（3）注浆嘴间距：根据裂缝的宽度和长度决定注浆嘴的间距，裂缝宽度在 0.15mm 以下时，注浆嘴底座间距为 20~30cm；裂缝宽度在 0.15mm 以上时，注浆嘴底座间距为 30~35cm。

（4）裂缝处的表面封闭：在裂缝附近 2~3cm 的范围内用密封胶封闭，厚度应为 2mm 左右。混凝土剥落或缝宽过大处要尽量向内填充。

（5）注入注射胶：将注射胶按照供应商产品说明书的比例进行称量，混合搅拌充分。再根据浆液流动性，选择注浆压力，一般为 0.2~0.4MPa。

（6）固化养护：当排气孔冒出浆液时，应停止注浆，并用环氧胶泥封孔。然后再以较低的压力维持 10min 左右，方可停止注浆。如果条件容许，应静养 24~72h，进行固化过程的养护。

（7）混凝土表面磨修：当静养完成后，就可拆除固定注浆嘴基座，并用砂轮机等将密封胶除去，再加以磨平。

4. 质量检验和验收

（1）所有进场树脂材料质量和性能指标，应符合有关现行国家和行业规范标准的规定，并具有产品出厂合格证，混凝土裂缝修补胶的安全性能应符合表2-4的要求。要求修补胶黏度小，渗透性、可灌性好。

表2-4 裂缝修补胶（注射剂）安全性能指标

性能项目		单位	性能指标
胶体性能	钢-钢拉伸抗剪强度标准值	MPa	≥10
	抗拉强度	MPa	≥20
	抗拉弹性模量	MPa	≥1 500
	抗弯强度	MPa	≥30，且不能呈脆性破坏
	抗压强度	MPa	≥50
	不挥发物含量（固体含量）	%	≥99
	可灌注性	-	在产品说明书规定的压力下，能注入宽度为0.1mm的裂缝

（2）当修补胶固化7d后，可采用取芯的方法检验灌缝效果，看是否饱满、密实。芯样检验应采用劈裂抗拉强度测试方法，当检验结果符合下列条件之一时，即符合设计施工要求：

1）沿裂缝方向施加的劈力，其破坏应发生在混凝土内部（内聚破坏）；

2）破坏虽有部分发生在界面上，但破坏面积不大于破坏面总面积的15%。

凡有灌缝不密实或漏胶等不合格情况出现，应采取补灌等补强措施，确保施工质量。

四、高速公路桥梁养护加固中新型预应力技术的应用方法

（一）CFRP技术

1. 技术介绍

CFRP主要针对体外加固弊端，对其和CFRP进行整合，向CFRP施加一定预应力之后，提高结构体系承载力，增加刚度，防止裂缝产生和发展，使抗弯承载力满足要求，同时还能节省材料与资源。另外，这项技术的施工操作十分便捷，仅需对修补处进行打磨、清理和涂抹一层环氧树脂，通过自然养护即可施工。目前这项技术在桥梁加固领域具有重要价值，适用于构件表面依然平整的情况。

2. 工艺流程

在桥梁养护加固过程中，采用这项新技术时，其施工工艺与质量及养护加固效果均有重要关系，保证工艺的合理性与质量的可靠性是达到预期加固效果的关键所在。其施工主要按以下工艺流程实施：开工前准备工作→修复损坏部位→基层涂抹→补平→树脂黏结→碳纤维材料粘贴→表面加工。

3. 技术要点

开工前加强现场勘查与施工设计,将修补处松散部分凿除。若凿除的面积较大,需要使用水泥砂浆将其修复,清除污垢,对转角处做倒角处理,同时打磨为圆弧状,使修补处的表面保持干燥和清洁。对硬化剂和主剂按照要求的比例进行调和,然后用于底涂,经自然风干后开始下一道工序的施工。针对不平整处,要用胶来补平,保证混凝土表面平整。将特制环氧树脂材料均匀涂抹于下层的表面,再按设计确定的层数及尺寸对碳纤维布进行裁剪,按从上到下与从左到右的顺序进行粘贴。在粘贴的过程中,要防止在受力方向上进行搭接,若必须搭接,则长度要达到10cm以上。将碳纤维布粘贴好并确认无误以后,使用滚刷在纤维展布方向上进行滚压,确保和树脂充分结合。如果碳纤维布和树脂之间存在间隙或气泡,则要在纤维的展布方向上使用美工刀进行切割,向其中注入树脂材料并将其压平,保证黏结的紧密性,在上层纤维布干透后,再次执行以上操作,对下层进行黏结。此外,还应做好表面处理,使桥梁整体有良好美观性。

(二) 体外预应力技术

1. 技术介绍

该技术主要是指借助镀锌软钢丝束与氧化铝聚糖树脂砂浆在梁体外部进行预应力施加,以此对结构体系受力予以改善,当自重增加相对较小时,可对原结构体系受力情况进行调整,使结构刚度得以改善和提高,增强抗裂性能。该技术具有施工简单和无须限制交通的特点,是现在常用且较为先进的养护技术手段,尤其是连续箱梁结构与T构箱梁结构。然而,因体外索主要设置在结构截面以外,其防腐保护容易受到外界的限制,在局部和转向的位置容易出现应力集中的现象,对锚固提出了极高的要求,同时体外索的张拉力通常较小,这对锚具和夹片也提出了很高的要求,预应力筋和混凝土发生的变形难以保持一致,导致预应力损失。以上问题的存在,使其实际应用正不断减少,被上述技术所取代。

2. 工艺流程

对于体外预应力,其主要有以下三种方法:其一,水平拉杆式;其二,下撑式拉杆;其三,组合式拉杆。现主要针对最常使用的下撑式拉杆,对其工艺流程做如下分析。

下撑式拉杆施工主要按照以下工艺流程进行:开工前准备工作→测量定位与放线→力筋治安→锚板就位与安装→力筋张拉→力筋防火与防腐。

3. 技术要点

开工前对待加固处实施清洁处理,根据设计要求进行测量定位和放线,准确放出钢筋的弯折点、转向块与拉筋螺栓等的具体位置;按设计要求,将力筋调直以后弯折成形并进行安装和锚固处理;在端部锚板处钻孔,用压缩空气清孔,灌入结构胶,埋置螺栓,将锚板设置到位后,将螺母拧紧,用结构胶填补混凝土与锚板之间的连接面;力筋按分级张拉步骤实施张拉,在横向张拉之前,应先将转折点部位支撑垫板紧固,完成初步张拉以后,在横向进行预应力的施加。在纵向张拉过程中,通过对力筋中距的准确测量来确保各跨张力完全一致，待应力满足要求以后，用螺栓进行固定；在张拉结束后，对表面采用满足要求的涂料做防火与防腐处理，最后用强度等级不低于C30的混凝土进行完全包裹。

（三）预应力高强钢丝绳抗弯加固

1. 技术介绍

该技术是指将锚具设于梁板两端的底部，然后通过锚具对预设钢丝绳进行张拉，以此提高抗弯性能，实现加固目标，属于主动式加固技术。该技术主要包含以下三部分：其一，待加固构件；其二，加固系统；其三，防护系统。由于能对各类材料进行合理应用，所以能解决以往加固技术工期长、操作复杂等问题，对梁体进行抗弯加固。相关测试结果表明，采用预应力钢丝绳后，能在大幅提高刚度的基础上，有效减小挠度。同时，试验研究结果也表明，采用这项技术能克服其他技术诸多弊端，是极少的可以在不增大自重和保证空间的情况下，完成刚度与承载力增加的技术。而且，施工成本较低，在当前的养护加固工程中，具有十分广泛的应用趋势。

2. 施工工艺

这项技术主要利用锚固在梁顶部的钢丝绳来进行拉力传递，使拉力到达待加固处，提高梁体抗弯承载能力。施工中，对钢丝绳的锚固应足够可靠，具体工艺流程如下：制作专设于端部的锚具→在端部进行锚座固定→钢丝绳下料和锚头挤压加工→在板端部进行槽口开凿→向端部槽口注入锚固砂浆→对钢丝绳进行张拉和锚固→对端部灌注的锚固砂浆进行浇筑并做好防护砂浆施工。

3. 技术要点

在制作端部锚具的过程中，应对钢丝绳的数量、直径、拉力荷载与焊接进行综合考虑，锚具的外侧应采用开口形式，通常开口应比钢丝绳的直径略宽，而开口深度要以有效锚固钢丝绳作为基准控制；锚具长度按梁底部宽度选取，厚度按焊接需要选取，宽度按受拉力需要的强度确定。对锚座进行固定以前，要根据设计要求在梁底板处实施测量与放线，以此确定锚具所在位置，按中心线的位置进行刻槽后，对刻槽处进行打磨，形成一个粗糙的平面，再进行钻孔，放置全螺纹杆。锚固板结合面与混凝土的表面都要均匀涂抹一层黏钢胶，于预定位置对钢板进行黏结和固定，在结构胶的强度达到要求后，开始下道工序。以端部锚具间隔距离为依据，结合钢丝绳在工作时受到的应力，对下料长度进行计算，使用相同的钢丝绳在没有应力的条件下进行测量，以此对下料长度予以精确。根据设计确定的规程加工锚头以后，向锚头中的孔穿过钢丝绳，开始强力挤压，确保能和钢丝绳成为一体。

根据设计要求，通过测量放线准确确定梁板上锚具具体位置，在跨度方向上开凿槽口，槽深和保护层的厚度尽量相同；成槽口做好凿毛与清理，用强度较高且黏结性较强的砂浆进行灌注，使砂浆表面和构件底部保持齐平；将钢丝绳的其中一端穿过锚具的开口，对另外一端进行张拉，由中间向两侧进行对称式张拉，在张拉的长度符合锚具间距要求后，向锚具开口中嵌入钢丝绳，对锚头进行锚固和挤压。

第二节 增大截面加固方法

一、加固原理和常见形式

本方法主要适用于钢筋混凝土和预应力混凝土受弯构件、钢筋混凝土受压构件的加固。基本原理是在原有结构截面基础之上，通过植筋等方法使新增加的截面和原有截面连成一体，增大构件受力面积，从而提高原有结构的抗弯和抗剪承载能力和刚度；提高受压构件正截面承载能力和刚度。增大截面加固法，由于它具有工艺简单、经验成熟、受力可靠、加固费用低廉等优点，很容易为人们所接受；它的固有缺点是湿作业工作量大、养护期长、占用建筑空间较多等，常见形式有如下几种：

1. 加厚桥面板加固法

加厚桥面板加固法即将原有桥面铺装或者整体化层拆除，在原桥面系上浇筑钢筋混凝土补强层，以提高桥梁结构的抗弯刚度和承载能力，加强桥面横向联系，通常称为"加厚法"。此方法一般适用于多板梁体系或者梁体净空受限制时。这种方法由于加厚桥面使桥梁自重和恒载弯矩增加较多，一般只适用于跨径较小的T形梁、工字形梁或板梁等。此方法可以看作是加厚受压区的受力断面。

对于有三角垫层的桥面结构，可将原来只作为传力结构的三角垫层凿除，用补强层代替三角垫层，这样可以少增加自重，加固效果更好些。

2. 增大受拉区梁截面法

增大受拉区梁截面法主要通过将T形梁、工字梁的下翼缘加宽加高，箱梁腹板和底板加厚等扩大梁的受拉面积，同时在新增断面中增设普通钢筋或者预应力钢筋。为了加强新旧混凝土接合面的可靠连接，增加整体受力，应在原有结构物表面植入抗剪钢筋和设置剪力槽。工程实际中，处治预应力梁底板横裂、支点腹板斜裂、盖梁负弯矩开裂等都可以采用此方法。

3. 增大受压构件截面法

采取增大原构件受压截面加固钢筋混凝土轴心受压构件；在原构件截面单侧、两侧和沿着周长加厚钢筋混凝土偏心受压构件截面。工程实际中，处治水中桩基缩颈、钢筋外露、桥墩防撞加固、墩台身开裂等，常采用此方法。

二、加固计算要点

1. 增大截面加固法属于桥梁结构带载加固，其结构计算可按二次受力计算，分成受力的两阶段计算：第一阶段是以原构件截面受力的结构计算；第二阶段是以加固后构件截面受力的结构计算。即加固后的承载力并不是原构件承载力和新增加部分承载力的叠加。

2. 增大截面加固法受力特征与加固施工是否卸载有关。当不卸载或部分卸载时，加固后的构件工作属二次受力性质，存在应变滞后问题；当完全卸载时，加固后的构件工作虽属一次受力，但由于受二次施工的影响，其截面特性仍然不如一次施工的新构件。

3. 增大截面加固法最重要的是新老混凝土接合面的抗剪承载力计算。

增大截面加固计算方法和原理，应满足相关的规定。

三、构造要求

1. 新浇混凝土的强度等级一般比原结构混凝土强度提高一级，新浇混凝土的最小厚度不宜小于15cm。当新浇混凝土施工振捣比较困难时，可采用微膨胀混凝土或自密实混凝土。

2. 加固受力钢筋直径不小于12mm；构造钢筋直径不小于10 mm；箍筋直径不宜小于8mm。

3. 应重视新增混凝土层因温度、收缩徐变应力引起的裂缝问题，保证原构件与新增混凝土的可靠连接，使之能够协同工作，以保证力的可靠传递，从而收到良好的加固效果。

四、植筋施工过程和质量控制要点

植筋是增大截面中常用的加固工艺，是保证新旧截面连接性能的重要工艺。

1. 设计构造要求

（1）植筋设计应在计算和构造上防止混凝土发生劈裂破坏。

（2）承重结构植筋的锚固深度必须经设计计算确定；严禁采用按短期拉拔试验值或厂商技术手册的推荐值。

（3）承重结构植筋胶应采用A级胶，其质量和性能应满足相关的规定。

2. 工艺流程

放样→钻孔→清孔→吹孔→注胶→植筋→养护。

3. 工艺要点

（1）用钢筋探测仪检查植筋部位的原混凝土钢筋及预应力钢束位置，以确定钻孔位置。

（2）按规定的钻孔直径垂直于植筋结构平面钻孔，标尺设定为成孔深度。若遇到钢筋时，必须清孔。

（3）清扫并用气筒吹出孔内灰渣，直至到孔内清洁干燥为止。

（4）注胶前需详细阅读植筋胶说明书，掌握其正确的使用方法，查看胶的有效期，过期的坚决不能使用；环境条件（温度、湿度）不满足时，应停止使用。

（5）将注浆混合管插入孔底，从孔底向外注入黏结剂，注满空洞的2/3，保证植筋后饱满。

（6）将准备好的钢筋旋转着缓慢插入孔底，按照固化时间表规定时间进行安装，使得锚固剂均匀地附着在钢筋的表面及缝隙中，待其固化后再进行焊接、绑扎钢筋及其各项工作。

（7）由上到下植筋施工时，应先将内装结构胶的胶袋或玻璃管埋入植筋孔中，再用电钻将钢筋植入，通过钢筋的挤压，将胶袋或玻璃管破碎，并使流出的植筋将孔洞填满，并对钢筋紧密包裹。

4.质量检验和验收

（1）用于混凝土植筋工程中的植筋胶，应符合质量标准，并采用适合现场温度、湿度条件的材料。施工开始前，应确定植筋胶的产品合格证、质量检验报告，并征得现场监理或业主的认可。

（2）为真实检验其植筋加固效果，待植筋胶固化时间到达7d，尚需进行植入钢筋现场拉拔试验，其检测数值应满足设计的规定。

第三节　粘贴钢板加固方法

一、基本原理

粘贴钢板加固法是将强度高的钢板粘贴到被加固的钢筋混凝土梁受力部位，不仅能保证混凝土和钢板作为一个新的整体共同受力，而且能充分地发挥粘贴钢板的强度，封闭粘贴部位加固构件的裂缝，约束混凝土变形，从而有效地提高加固构件承载力、刚度与抗裂性；同时可以任意地依设计需要与可能粘贴，有效地发挥粘钢构件抗弯、抗剪、抗压性能，其受力均匀，不会在混凝土中产生应力集中现象。粘贴钢板法属于被动加固方法，特点是所占空间小，一般不影响被加固结构外观和使用空间，加固周期短。本方法适用于对钢筋混凝土受弯、大偏心受压和受拉构件的加固。由于是一层不大于10mm的厚钢板粘贴于相对体形或厚度大得多的结构上，因此，加固体所占空间小，基本上不影响外观。加固施工所需空间，也可视净空要求，采用支顶、活动卡和锚栓加压粘贴。此方法虽然用于桥梁工程中的时间不长，但发展迅速，应用越来越广泛。

二、设计计算和构造要求

1. 粘贴钢板加固钢筋混凝土结构构件时,应将钢板受力方式设计成仅承受轴向应力作用。

2. 粘贴钢板加固法属于桥梁结构带载加固,其结构计算可按二次受力计算,分成受力的两阶段计算:第一阶段是以原构件截面受力的结构计算;第二阶段是以加固后构件截面受力的结构计算,即加固后的承载力并不是原构件承载力和新增加部分承载力的叠加。

3. 应卸掉作用在桥梁上的活载及部分恒载,尽量降低钢板的滞后应变。

4. 应采用可靠的锚固措施,保证钢板不发生过早的剥离破坏。因优先采用宽厚比比较大的钢板。

粘贴钢板加固设计中,承载能力、钢板锚固长度等具体计算方法可参照相关的规定。

三、施工工艺与质量控制要点

当钢板厚度不大于5mm时,可采用直接涂胶粘贴;钢板厚度大于5mm时,应采用压力注胶粘贴。粘贴钢板加固工序与具体结构损伤情况和钢板粘贴的位置及形式有关,常用的施工过程和质量控制要点如下:

1. 工艺流程

对裂缝进行封闭或灌注→清洗并平整板梁底表面,植入固定钢板的螺栓→钢板粘合面可用喷砂或平砂轮打磨(直至露出金属光泽,打磨纹络应与钢板受力方向垂直,应具有一定的粗糙度)→安装并固定加强钢板(调好灌浆间隙)→用修补胶封边→压入黏结剂→凝固→钢板防锈防腐处理→表面涂装。

2. 工艺要点

(1)混凝土表面处理:根据设计图纸的要求并结合现场测量定位,在需粘钢加固混凝土表面放出钢板位置大样,凿除需粘钢区混凝土表面6~8mm厚的表层砂浆,使坚实的混凝土石外露,并形成平整的粗糙面,表面不平处应用尖凿轻凿整平,再用钢丝轮清除表面浮浆,剔除表层疏松物,最后用无油压缩空气吹除表面粉尘或清水冲洗干净,待完全干燥后用脱脂棉沾丙酮擦拭表面。箱梁内室混凝土可能凹凸不平,施工时应采取措施进行处理,使其满足粘贴钢板要求的平整度。

(2)钻孔植埋螺栓:依照设计图纸的要求,放出需钻孔的位置,钻孔间距一般为20~40cm,用钢筋混凝土保护层测试仪查明混凝土钢筋布置,然后钻孔。应避免钻孔时碰及钢筋。植埋全螺纹螺杆,其距粘贴钢板边缘的距离应控制在5~10cm之间。孔径和孔深应严格按设计要求施工。对于箱梁,远离腹板底板锚栓深度为12cm,近腹板的钢板锚栓应钻穿底板厚度,植栓孔应清理干净。灌入螺栓的黏合剂采用符合要求的产品,施工工艺必须符合植栓技术要求。等黏合剂固化 7d 后，抗拉力达到设计要求，如 M12 抗拉力设计值为 24kN。

（3）待粘钢板打孔与表面处理：依据现场混凝土上的实际放样进行粘贴钢板下料，并依据现场植埋的螺杆，先对待粘贴的钢板进行配套打孔，然后对钢板的粘贴面用磨光砂轮机或钢丝刷磨机进行除锈和粗糙处理，打磨粗糙度越大越好，打磨纹路应与钢板受力方向垂直。最后用脱脂棉沾丙酮将钢板表面擦拭干净。

（4）配制结构胶和粘贴钢板（直接涂胶粘贴）：先用丙酮清洗处理后的待粘钢区域混凝土表面和钢板待粘贴面，将粘钢结构胶按照供应商提供的产品说明书要求的比例准确称量，搅拌均匀，在事先已确认的可操作时间内，再用抹刀将该结构胶涂抹在已处理好的混凝土表面及待粘贴钢板表面上，胶体中间厚边缘薄，胶层厚度应控制在 2~4mm，然后，将钢板贴于预定位置上。

钢板厚度大于 5mm 时，应采用压力注胶黏结，用化学锚栓固定钢板，加设钢垫片，使钢板与原构件表面之间留有 2mm 的缝隙，以备压注胶液。用封边胶将钢板周围封闭，留出排气孔，在钢板低端粘贴注浆嘴并通气试漏后，以不小于 0.2MPa 的压力压入胶黏剂，当排气孔出现浆液后停止加压，并用封边胶封堵，再以较低压力维持 10min 以上。

（5）加压固定钢板：当埋植螺杆并将钢板贴合上后，加垫片，紧固螺母，交替拧紧各加压螺杆，以使胶液从钢板边缝刚挤出为度，达到密实粘贴程度。黏合剂按生产供应商规定的固化时间养护至固化后，进行检验验收。

（6）钢板表面防腐处理：锌加涂料涂装前，待涂表面必须彻底清除油脂，必要时应用专用清洁剂清洗。对氧化皮致密的钢板，需要经过机械喷砂处理，使其表面清洁度达到 Sa2.5 级、粗糙度为 50~70μm 的控制标准，喷砂后要用清洁的压缩空气将涂装结构上的灰尘除尽；涂锌加厚度 60μm。

（7）粘钢板后的养护温度不低于 15℃时，固化 24h 后即可卸掉加压夹具和支撑。

3. 钢板黏结剂质量要求

结构胶黏剂工作性能的优劣，直接关系到其黏结性能的可靠性。目前，桥梁加固处在新兴时期，有不少伪劣产品混在其中，应严把结构胶质量关。对于承重结构用的胶黏剂，其耐湿热老化性能极为重要。用于承重结构的胶黏剂的使用年限要求至少在 30 年以上，其后期黏结强度（长期性能）必须得到保证。高速公路桥梁结构采用粘贴钢板加固，钢板粘贴及灌注胶采用无溶剂型改性环氧树脂类，其性能要求应符合相关规定对 A 级胶的性能要求。为确保结构加固的耐久性，胶黏剂 90d 湿热老化试验钢—钢拉伸抗剪强度降低的百分率应不大于 6%。为确保活载作用下粘钢胶抗冲击剥离能力，需进行试验评定，A 级胶韧性评定标准为平均剥离长度小于或等于 20mm。

加固工程中，严禁使用下列结构胶：

（1）过期或出厂日期不明；

（2）包装破损，或中文标志、产品使用说明书为复印件；

（3）掺有挥发性溶剂或非反应性稀释剂；

（4）固化剂主成分不明或固化剂主成分为乙二胺；

（5）游离甲醛含量超标；

（6）以"植筋粘钢两用胶"命名。

4. 钢板防护体系质量要求

钢板防护涂层的使用寿命应达到30年以上，待涂表面必须彻底清除油脂，必要时应用专用清洁剂。对氧化皮致密的钢板，必须经过机械喷砂处理，清洁度达到相关规定Sa2.5级标准，一般要求粗糙度Rz为50~70μm；喷砂后清洁干净。锌加用于电焊、切割等部位的预涂或修补，应先除瘤、飞溅；焊接处的焊瘤要打磨平滑，尖锐的边角要磨圆，锌加用于旧热浸镀锌、电镀锌及复涂在旧锌加涂层上时，要去除涂层表面的"锌盐"及油脂、油污和松动的锌层，以免影响层间的附着力。

5. 质量检验与验收

（1）钢板与原混凝土黏结质量可采用下列三种方法检测，质量评定标准应满足钢板有效粘贴面积不应小于总粘贴面积的95%。

1）锤击法；

2）超声波检测法；

3）红外线检测法。

（2）钢板与原混凝土间的正拉黏结强度应不小于2.5MPa，检查数量和检验方法可按相关规定执行。

第四节　粘贴碳纤维复合材料加固方法

一、基本原理

粘贴碳纤维（Carbon Fiber Reinforced Polymer，简称CFRP）片材具有轻质高强、操作简单、易于粘贴、不易锈蚀的优点，可用于抗弯、抗剪、受压（大偏心受压，对小偏心受压构件，由于纵向受拉钢筋达不到屈服强度，采用粘贴碳纤维布会造成材料的浪费）及抗震等多种形式的加固。该方法属于被动加固方法，适用于混凝土梁、板桥的抗弯加固，以提高抗弯承载力；特别适合混凝土受压墩柱补强，提高延性和耐久性。对于配筋率较低或钢筋锈蚀严重的旧桥，加固效果尤为显著。此外，该方法还适合抗震延性补强及地震破坏后的修复等。其适用性如表2-5所示。需要注意的是，对于受冲剪作用的构件和支座局部受力复杂，不宜采用此方法。工程实践表明，对于箱梁腹板斜裂缝的加固，采用粘碳纤维布加固后的耐久性不太理想。

表 2-5　CFRP 各种片材对各种加固类型的适应性

CFRP 片材加固类型		CFRP 板	CFRP 织物布
板梁加固	抗弯	最佳适用	适用
	抗剪	适用	一般
墩柱加固	抗偏压	适用	最佳适用
	抗震	一般	适用

二、设计计算方法和构造要求

1. 粘贴纤维材料加固的设计原则

根据具体粘贴方法和材料的不同，其具体计算方法不同，基本的设计原则如下：

（1）混凝土桥梁结构自重大，加固时不能完全卸载，必须考虑二次受力。

（2）混凝土桥梁结构尺寸大，由试验条件下得到的经验公式不一定都能适用于桥梁结构的加固，因此必须对这些公式进行修正，如修正安全系数等。

（3）加固设计计算时所有的设计状况和荷载组合都必须考虑到。计算过程包括承载能力极限状态和正常使用极限状态的验算。一般情况下，正常使用极限状态控制加固设计。

（4）承载力极限状态的验算要考虑可能发生的各种破坏形态。通常将破坏模式分为两大类，即粘贴碳纤维片材后能整体工作的构件与不能整体工作的构件（如发生片材脱落等早期破坏的情况）。

（5）正常使用极限状态的验算如下：

1）应力的限制，以避免钢筋的屈服，混凝土的破坏或过度徐变和 CFRP 的断裂；

2）变形的限制；

3）开裂的限制（包括黏结界面），以保证结构的耐久性与黏结的完整性。

（6）意外的设计情况（特殊的设计），应考虑由于撞击、人为破坏或火灾等引起的碳纤维片材的脱落。

2. 粘贴纤维材料加固的构造要求

（1）根据被加固构件的受力特点和类别，应注意纤维方向与构件受拉方向一致，应控制好粘贴的纤维材料层数。

（2）纤维材料的粘贴延伸长度应通过计算，合理选择。

三、施工过程与质量控制要点

粘贴纤维材料加固，根据具体加固形式和材料的不同，其具体质量控制要求也不同。以下介绍常用的工艺流程和质量控制要点。

1. 工艺流程

混凝土表面处理→裂缝修补→涂刷底胶配制浸渍胶→粘贴碳纤维布→表面防护。

2. 工艺要点

（1）施工准备：施工前应对粘贴部位混凝土的表层含水率及所处环境温度进行测量。若混凝土表层含水率>4%或环境温度<5℃，则应采取措施，在达到要求后，方可施工。施工前应按设计图纸，在加固部位放线定位。

（2）混凝土表面处理：清除被加固构件表面的剥落、疏松、蜂窝、腐蚀等劣质混凝土，露出混凝土结构层，并用修补胶将表面修复平整，并保证混凝土保护层厚度不小于15mm。被粘贴混凝土表面应打磨平整，除去表层浮浆、油污等杂质，直至完全露出集料新面，且平整度应达到5mm/m。构件转角处应打磨成圆弧状，圆弧半径不应小于20mm。表面打磨后，应用强力吹风器将表面粉尘彻底清除。

（3）裂缝修补：用裂缝修补胶灌注结构裂缝，其施工工艺见第一节。

（4）涂刷底胶：应按照所选黏结剂供应商的产品说明书配制底胶。涂刷底胶前应用丙酮擦净混凝土的表面。底胶应用滚筒刷或特制的毛刷均匀涂布于混凝土表面，调好的底胶应在规定的时间内用完。

（5）配制浸渍胶：浸渍胶的配制，应按黏结剂供应厂商提供的配比和工艺要求进行，且应有专人负责。调胶使用的工具应为低速搅拌器，搅拌应均匀，无气泡产生，并应防止灰尘等杂质混入。每次配胶量应根据粘贴作业的时间和温度来控制，在规定的施工可操作时间内用完，以免过了胶的初凝时间。

（6）粘贴碳纤维布：按设计要求的尺寸剪裁碳纤维布；将配制好的底胶用滚筒刷或特制的毛刷均匀涂于所要粘贴部位的混凝土上，在底胶指触干燥后涂刷浸渍胶；粘贴碳纤维布施工时，纤维布不允许折叠，应充分平展，不得有皱褶。必须沿纤维方向使用特制的滚筒多次碾压，使胶液充分浸渍纤维布丝束（这是保证粘贴施工质量的关键），均匀压实，无气泡发生，滚压时不得损伤碳纤维布。碳纤维片材沿纤维受力方向的搭接长度不应小于100mm，当采用多条或多层碳纤维片材加固时，各条或各层碳纤维片材之间的搭接位置宜相互错开。

（7）表面防护：在最后一层纤维复合材料施工结束后，在其表面均匀涂抹一层浸渍树脂，自然风干。

3. 质量检验与验收

（1）施工开始前，应由监理及业主确认碳纤维布复合材料和浸渍胶、底胶、修补胶的产品合格证、法定单位质量检验报告，各项性能指标应满足相关规定的要求。纤维材料应按工程用量次进场到位。严格控制碳纤维中的k数（12k），严禁用玄武纤维、大丝束碳纤维等代替碳纤维。

（2）材料性能抽样检验。对于碳纤维布复合材料，当工程使用的碳纤维布数量大于1000m²时，每1000m²用量应做一次材料质检（包括抗拉强度和弹性模量）报告，检验数量不少于3组（每组试样数量为5个）。当工程使用的碳纤维布数量少于1000m²时，可引用本年度内其他项目使用同批产品时抽检的质检报告；若无此报告，也应抽检一组。对于胶黏剂，当工程的胶黏剂用量在1t以下时，应选一组试样进行正拉黏结强度检验；用量在1t以上时，应每吨（不足1t按1t计）增加1组试验；每组试样数量应不少于5个。受检的产品应由独立试验室人员在不小于两个包装单位中随机抽取，其试验结果应符合要求。

（3）施工质量检验及验收。

1）碳纤维复合材料施工质量检验及验收标准应符合要求。

2）纤维与原混凝土的正拉黏结强度，必须进行现场抽样检验。

4. 粘贴碳纤维布材料要求

碳纤维片材（CFRP）应采用优质针织单轴向0.167mm厚的碳纤维布，应选用不大于12k（1k=1 000）的小丝束PAN基纤维。碳纤维复合材料的主要力学指标要符合相关规定要求。

5. 胶黏剂质量要求

浸渍胶、底胶、修补胶等胶黏剂的安全性能指标应满足相关规定中对A级胶的要求，为确保结构加固的使用寿命，浸渍胶须持有90d湿热老化试验的报告，钢—钢拉伸抗剪强度降低的百分率应不大于10%，修补胶的主要性能指标为与混凝土的正拉黏结强度≥2.5MPa（原混凝土强度等级C40以上），且大于被加固混凝土抗拉强度的1.2倍，并为混凝土内聚破坏。

第五节　体外预应力加固方法

一、基本原理

体外预应力加固法是采用增设预应力索（包括钢绞线、高强钢丝束和精轧螺纹钢筋）对原有结构构件进行主动加固的方法。其原理是通过预应力手段，改变原结构内力分布，调整原结构应力水平，达到提高结构承载能力、改善结构抗裂和耐久性的目的。

提高预应力混凝土梁抗裂性的根本手段是增加预应力。增加预应力在抵抗混凝土梁上拉应力的同时，会带来增加受压区混凝土压应力的副作用，因此，增加预应力涉及预应力效率的问题。预应力的轴压力总是使全截面受压，而预应力的偏心距可以使截面一边受压，另一边受拉，因此，如何设置预应力的偏心距就成为增加预应力的关键问题。

在原箱梁箱内增加预应力，可以使加固后的桥梁在外观上基本变化，不影响使用功能，但是预应力的效率比较低。

在原箱梁的箱外增加预应力，可以提高预应力施加的效率，带来的问题是有可能影响使用功能，同时，保护预应力束也是后期必须考虑的问题。

在桥面设置塔柱，可以进一步提高预应力的偏心距，使预应力体系向斜拉桥逐渐转化，从而大大提高了体外预应力的效率。

箱梁体外预应力加固，根据加固目的及被加固结构受力要求的不同，分为箱内体外预应力、箱外体外预应力、直线式、折线式（曲线式）等预应力束布置方式。

1. 箱内预应力束布置

沿箱梁底板布置，以尽可能增大体外束对箱梁截面形心的偏心距，提供尽可能多的弯矩。箱内体外束方案施工难度相对较小，方案可行性较强；同时，体外束布置于箱梁内部，有利于提高体外束的耐久性能。

体外预应力束对中跨跨中截面下缘产生压应力，上缘产生少量压应力，对该截面起有利作用，同时对边跨截面上缘产生压应力，下缘产生拉应力，起不利作用。因此，需要合理选择钢束的布置形式，使体外压应力对中跨跨中截面起有利作用的同时，尽量减小对边跨的不利影响。当体外预应力束长度逐渐增长时，体外预应力束对中跨跨中截面下缘产生的压应力逐渐减小，而对上缘产生的压应力逐渐增大，同时对边跨产生的不利影响也逐渐增大，因此，从改善中跨截面受力的角度来考虑，不宜采取过长的体外预应力束。

当体外束数量增多时，体外预应力对主梁中跨跨中截面上下缘产生的压应力不断增大，同时边跨合龙段上缘产生的压应力和下缘产生的拉应力也逐渐增大。由于主梁中跨跨中截面上缘不允许再增加过多的压应力，同时考虑到对边跨的不利影响不能太大，因此不宜采取过多的体外预应力钢束。因此在中跨增加体外预应力的同时，可在边跨适当设置体外预应力束，减小中跨体外束对边跨的不利影响，但应注意到，此时中跨体外束对中跨跨中高程和应力的改善作用会有一些减小。

2. 箱外预应力束布置

在主跨箱内布置直线体外预应力束，由于一是偏心距较小；二是预应力偏心弯矩对跨中截面上缘产生的拉应力小于预应力产生的轴向压应力，会导致截面上缘压应力继续增大；三是对结构线形改善效果有限。采用沿主跨范围布置曲（折）线体外预应力束（预应力束部分从箱内穿过底板到箱外，沿底板外侧一定的距离后再穿过底板回到箱内），这样布索，偏心距较大，跨中上缘的压应力也有一定的改善，加固效率相对在主跨箱内布置直线体外预应力束方案较高。采用箱外预应力可增大对跨中截面的偏心距，从而增大正弯矩，加固效果更为明显。

二、设计计算要点

体外预应力加固效率较高，但对结构受力特性的影响显著，特别是对于大跨度连续桥梁，由预应力产生的次内力不容忽视。因此对加固结构加固后整体和局部安全性的验算是此类加固的关键。

1. 加固计算主要针对持久状态的承载力极限状态和正常使用极限状态，考虑加固施工过程较短，在无特殊需要的情况下可不做短暂状态的应力计算。

2. 在极限状态下，加固梁仍须为适筋梁破坏，原梁受拉区混凝土退出工作，全部拉力由原梁内预应力钢筋、普通钢筋和体外索共同承担。

3. 在极限状态下，加固后的混凝土梁仍须为剪压破坏。

4. 考虑到体外索的预应力损失量比体内预应力筋小很多，可变作用引起的拉力增量相对于其有效预应力的比例也很小，在使用阶段也不宜长期处于高应力状态，故体外索的张拉控制力取值比新建桥体内预应力取值小一些。

5. 考虑到是旧桥加固，其混凝土的收缩、徐变已基本完成，故预应力损失计算中不再考虑由于收缩、徐变引起的应力损失。

三、工艺流程和工艺要点

总体工艺流程：

施工前准备工作、施工放样→新增齿板锚块、转向块、减振器施工→预应力钢束、传感器安装→正式张拉（施工监控）→防护→验收。

四、施工质量控制要点

张拉前的准备工作：

1. 千斤顶和压力表、油管需系统标定，并必须配套使用。
2. 油管试运行数次，确保无漏油。
3. 安装预应力钢束时，保证钢束线形平顺。
4. 工程技术人员或施工队长应对施工人员进行施工安全及技术交底。
5. 混凝土养护龄期达 7d 及混凝土强度达到设计强度的 95% 后，方可张拉预应力钢束。

五、质量检验与验收

体外索加固张拉控制及检评项目、方法和标准，应符合有关规定。

1. 预应力张拉工序

（1）应遵循"分级、分批、对称、两端同步张拉"的原则。

（2）采用"压力表读数、伸长值双控"进行控制，即以压力表读数为主、伸长值校核为辅的控制方法。但延伸量必须在设计单位允许浮动范围以内；张拉时，每个截面都应尽量避免滑丝、断丝现象。

2. 施工监控

监控的重要内容：裂缝、应力、挠度索力；重点是齿板处的裂缝观测，关键受力部位的应力等。

3. 异常情况处理

施工中出现下列异常现象，应停止施工，并及时报请现场监理和设计。待查清原因、采取措施后再继续施工。张拉操作必须逐级、平稳进行，不允许出现超张拉现象。

（1）出现裂缝。

（2）实际伸长值与理论伸长值的差值超出±6%。

（3）滑丝或断丝（指钢绞线内的一根钢丝）允许超过1根。

（4）出现异常响声。

4. 交通组织

应交通全封闭施工。

5. 现场信息沟通

施工过程中，需要和桥梁监控人员保持有效沟通，对需要监控的指标进行认真校核，出现异常，现场及时沟通解决方案。

6. 制订现场应急处置预案

第六节 改变结构体系加固方法

一、基本原理和设计计算方法

改变结构体系加固桥梁通常是指增设附加构件和进行技术改造，使桥梁的受力状况发生改变，从而起到减小承重构件的应力、改善桥梁性能的作用，达到提高承载能力的目的。

常使用的方法包括简支梁改连续梁法、将多跨简支梁改造为桥面连续简支梁法、增设双支座法、增加辅助墩法、八字支撑法、将梁式桥转换为梁拱组合体系法、钢索斜拉加固法等。改变体系的基本原理是改变结构内力分布，最为常用的手法是为所加固的桥梁加入新的支撑点，缩短梁的计算跨径，前述方法中多数方法都基于这一原理。

加固时往往需要在桥下操作，设置永久设施，影响桥下净空，所以必须考虑对通航及排洪能力的影响。加固时改变了受力体系，使原本只承受正弯矩地简支梁在部分位置出现负弯矩，所以要注意加强梁上缘配筋。应注意由各种方法带来的一些其他不利的附加影响。

二、简支梁改连续梁法

此加固方法是将原两跨及两跨以上简支梁的梁端通过增设普通钢筋或预应力钢筋把简支梁连续起来，使受力体系由原来的简支转换为连续，减小跨中正弯矩，提高结构的承载能力，同时减小了伸缩数量，提高了行车舒适性。该方法主要适用于多跨简支梁（板）因配筋不足、截面尺寸偏小，导致跨中截面抗弯承载能力明显不足以及挠度过大的情况。

由多跨简支改为连续，必将拆除部分伸缩缝，剩余伸缩缝将因伸缩量不足而需要更换，伸缩量需重新计算。更换伸缩缝时，位于伸缩缝两侧浇筑的混凝土铺装必须有一个养生时间，使其达到设计强度。原简支梁一边为固定支座，一边为活动支座，改变体系后的多跨连续体系的双支座形式会对上下部结构受力及支座本身带来一定影响，加固时应适当考虑。必须充分考虑原桥的地基条件，防止由于基础沉降等对新形成的连续体系上部结构产生不利影响。因为伸缩缝与支座的影响，建议连续跨数不超过4跨，最好为2~3跨一联，具体要依据伸缩缝与支座计算。

加固方案需要凿除部分梁端桥面铺装，加固后势必要做好新旧铺装的连接。如果凿除面积已大于原桥面面积的1/2，或桥面铺装本身已破损，则建议全部凿除，重新铺装会使加固效果提高。梁端在变换体系后会有负弯矩，梁端连接不好会直接影响加固效果。

桥面铺装与汽车活载由连续梁体系承担，其在跨内产生的正弯矩比简支梁体系小，起到卸载及提高承载能力的作用。由于桥面铺装混凝土参与结构受力，截面高度增加，提高了结构抗弯能力与刚度。体系改变为中间支撑是双支座支撑的连续梁，减少中间支撑上的负弯矩，即相对于单支点有消减负弯矩峰值的作用。

设计计算的基本步骤为：根据现有支座以及伸缩缝计算适宜的连续跨数，或先定出连续跨数，最后验算伸缩缝以及支座是否满足要求；计算简支裸梁恒载、栏杆、人行道荷载，若栏杆、人行道加固时也拆除并在体系连续后新建，则其内力应按实际情况考虑；计算桥面铺装在体系转变后的连续梁上的内力；计算活载在连续梁体系上的内力。

施工工序的基本步骤为：凿除桥面铺装，拆除伸缩缝，梁顶凿毛；凿开简支梁要做连续的端部上缘混凝土保护层，使梁端顶层纵向钢筋及箍筋外露；将需要连接的相邻梁端间隙用膨胀混凝土填塞密实；焊接梁端顶层外露纵向钢筋，作为支点负弯矩配筋的一部分；增设剩余负弯矩钢筋，如果增设了预应力束，还需张拉；重新安装伸缩缝，浇筑桥面铺装。

加固的构造要求包括梁（板）端头结构应无破损现象。为保证桥面铺装与原梁体共同参与结构作用，梁顶要凿毛，有条件时还要设置抗剪栓钉，桥面铺装采用收缩较少的膨胀混凝土。梁端间隙截面也要凿毛，有利于膨胀混凝土的填塞密实。对于焊接连续钢筋，焊缝满足规范要求。

新增负弯矩钢筋可绑扎或焊接在外露的箍筋上。例如空心板梁，由简支体系变成连续体系时，在负弯矩区采用混凝土连接成整体，同时新增负弯矩钢筋。

工序质量控制严格按照施工工序及结构措施要求来保证施工质量，加固施工的质量控制按要求进行，重点控制端头连续构造处理。

三、多跨简支梁改造为桥面连续简支梁法

此加固方法适用于桥面铺装破损较严重，且伸缩缝处不平整的横向多片简支梁桥，例

如空心板、T梁、工字梁或小箱梁等。将桥面连续可以提高行车的舒适性，减少桥面不平整时车辆荷载对桥梁的冲击影响，也可使荷载横向分布趋于合理。

加固中如连接未处理好，或伸缩缝处所预留的伸缩量不足，或养护不及时伸缩缝被杂物嵌牢，在天热温度升高时，均易使连续桥面连接点处发生拱起，引起桥面破坏。

桥面连续必将拆除部分伸缩缝，剩余伸缩将因伸缩量不足而需要更换，伸缩量需重新计算。更换伸缩缝时，位于伸缩缝两侧后浇筑的混凝土铺装必须有一定的养生时间，使其达到设计强度。

因为伸缩缝与支座的影响，建议连续跨数不超过 6 跨，最好为 3~5 跨一联，具体依据伸缩缝与支座计算。

本加固方法对原结构受力体系未发生本质改变，但使得过于集中的荷载分布趋于合理，增加梁体横向共同受力，减少每片梁荷载横向分布，同时减少了不必要的车辆冲击力，而且由于桥面铺装参与结构受力，增加了结构截面高度，提高了结构抗弯刚度与抗弯能力。

改造加固后的结构计算，由于仅仅是桥面连续的，那么恒载及活载内力计算方法仍按简支梁来考虑。

施工的主要要求包括：凿除桥面铺装，梁顶凿毛；每片主梁梗肋上方开两道槽，用来布置连接筋；每片主梁上分布 2 根直径为 20~25mm 的钢筋，做好钢筋在梁端支点处的垫层；重新浇筑桥面铺装。

加固主要的构造要求包括：梁端两支点长度范围内的钢筋包扎上柔性垫层，要求具有良好的防腐蚀性，并可使钢筋与混凝土隔开。桥面现浇层中布置的钢筋网在接缝处不断开。为使桥面平整、美观，在混凝土桥面上铺一层 3cm 左右的沥青混凝土面层做磨耗层，可使假缝处产生的裂缝不致明显地反射到面层上，还可提高桥面的使用质量。

第七节　桥面系补强和减载方法

桥面系主要包括桥面铺装、伸缩缝、栏杆扶手、人行道以及排水设施等。桥面系出现病害的现象非常普遍，主要有伸缩缝混凝土破损、伸缩装置松动、翘起，桥面连续处混凝土破损，桥头背墙混凝土破损、被顶裂，桥面产生纵向裂缝、龟裂网裂、露骨、积水等，严重地影响了桥面的使用寿命和行车舒适。目前的常见桥面主要有两种结构形式：一种是单一的水泥混凝土桥面；另一种是复合桥面，由下层水泥混凝土（整体化层）和上层沥青混凝土组合而成。

1. 桥面系补强方法

桥面补强加固法是通过在桥面（主梁顶面）上加铺一层钢筋混凝土层，使其与原有结构形成整体，从而增大桥面板或主梁有效高度和受压截面，增加桥面整体刚度，提高桥梁承载能力的一种常用且有效的加固方法。

主梁或桥面承载力不足、刚度不够，或铰接梁、板的铰缝不能有效传力时，可采用桥面补强加固法进行加固，受桥面补强层厚度的限制，这种加固方法主要适用于中小跨径的多板梁结构。

采用桥面补强进行加固，桥面板或主梁恒载将有所增加，应通过计算判断桥面增厚是否可以提高桥梁的有效承载能力。若恒载的增加影响较大，则应考虑采用其他加固方法或与其他方法综合运用。同时，加铺补强层后，桥面高程也将受到影响，连接路面或桥面纵坡应予调整。为减少补强层增加的恒载，往往必须先将原有的桥面铺装层凿除，并要求对伸缩缝进行改造。

桥面补强加固法施工活动全部在桥面上进行，操作便利，易于控制工程质量。

补强层仅增加受压区混凝土面积，承载能力的提高幅度受原结构受拉区钢筋的面积和强度影响而受限制。宜与其他加固方法如粘钢板、贴碳纤维等结合使用，补强效果更加明显。

此加固方法对新旧混凝土结合面和收缩差别提出了特殊构造要求，以保证实现加固结构符合叠合结构的受力特征。

2.桥面系减载方法

桥面系减载和桥面补强的思路不同，其主要是针对过量变形的大跨度桥梁结构，通过调整桥面铺装结构厚度，降低桥面铺装集度，达到减少恒载，改善结构性能的目的。

工程实践中，对于大跨度桥梁下挠和开裂病害处治，常采用增设体外预应力索的加固方法。但是我们知道，增设体外预应力索加固方法会对结构产生不利次生效应。对于大跨度桥梁，桥面铺装二期恒载效应在总的结构效应中占有一定的比例。依托工程实际，为了有效抑制主梁持续下挠，特开展专题研究，成功运用桥面铺装采用轻质混凝土减载和箱梁内增设体外预应力等相结合的主动加固方案，极大地提高了加固效率。轻质（集料）混凝土（Light-weight Aggregate Concrete，以下简称 LWAC）是由轻集料（人造高强页岩陶粒，国外又称膨胀页岩）、轻砂或普通砂、水泥和水等原料配制而成的干表观密度小于 1950kg/m³ 的混凝土。LWAC 具有轻质、高强抗震、隔热和耐火等特点。与普通混凝土相比（干表观密度 2 400~2 600kg/m³），LWAC 能减少 20%~30% 的结构自重，且可消除碱集料反应带来的隐患。LWAC 用于桥梁结构中，可提高桥梁的跨越能力、结构承载能力和耐久性。

一、LWAC 配合比设计和物理力学技术指标

1.原材料技术质量要求

（1）水泥：采用 42.5 级普通硅酸盐水泥，细度为 2.4，比表面积为 350/cm³。

（2）粉煤灰：采用 I 级粉煤灰，需水量比为 93%。采用粉煤灰作为掺和剂，可减少水泥用量，增加混凝土拌和物的黏结性，改善混凝土拌和物的和易性、流动性和保水性，增加 LWAC 的可泵性，同时在一定程度上防止陶粒上浮。

（3）轻集料：采用 900 级高强页岩陶粒，外形为碎石形，粒径规格为 5~16mm，连续级配，

密度等级800级，空隙率为42.6%，含泥量≤0.1%。其主要技术指标如表2-6所示。

表2-6 高强页岩陶粒的主要技术指标

累计筛余筛孔（mm）的质量百分数（%）				表观密度	堆积密度	1h 吸水	筒压强度
20	16	9.5	4.75	（kg/m³）	（kg/m³）	率（%）	（MPa）
0	0.14	35.0	89.0	1390	860	4.1	7.7

（4）砂：采用中粗河砂，细度模数Mx为2.8，含泥量小于0.8%。

（5）纤维：采用UF500纤维素纤维（以下简称UF500纤维）和钢纤维。UF500纤维是一种以美国本土经基因改良的特殊树种提取的纤维素纤维，并以独特工艺制成的高强高弹模单丝短纤维，长度为2~3mm，抗拉强度为600~900MPa。UF500纤维对混凝土和易性没有影响，可解决聚丙烯（PP）纤维等化学合成纤维减小混凝土坍落度的问题。UF500纤维除了一般纤维具有防止及抑制混凝土塑性收缩、干缩、温度变化等因素引起的微裂纹，提高混凝土的抗渗性能和抗冻融性能等优点外，还具有和水泥亲和力强，促进水泥水化，减少混凝土泌水等特殊性能。此外，还可改善纤维在混凝土振捣过程中上浮、成团、混凝土表面起毛等现象。

（6）外加减水剂：采用聚羧酸系高效减水剂，减水率大于20%，泌水率低。其主要作用是降低混凝土的水胶比，减少坍落度损失，调节凝结时间，使混凝土硬化性能得到改善，从而提高混凝土的工作性能。

2.LWAC标准配合比

经过大量的配合试验，在满足LWAC施工性能和力学性能的前提条件下，提出了LWAC标准生产配合比，见表2-7。LWAC每m³原材料用量，见表2-7。

表2-7 LWAC生产配合比

水泥	粉煤灰	页岩陶粒	砂	水	UF500纤维	钢纤维	外加减水剂
1	0.238	1.405	1.952	0.310	7.14×10^{-4}	0.119	0.012

3.LWAC技术质量要求

LWAC主要性能指标、技术质量要求，如表2-8所示。现场混凝土出机时坍落度控制在14cm±2cm，1h后坍落度损失不大于2cm。LWAC实测强度值如表2-9所示。

表2-8 LWAC主要性能指标

强度等级	轴心抗压标准强度	轴心抗拉设计强度	干表观密度	坍落度	净水灰比
LC40	48.2MPa	2.39MPa	不大于1800kg/m³	12~16cm	0.31

表2-9 LWAC实测强度值

组数	抗压强度（MPa）			抗折强度（MPa）	劈裂强度（MPa）	弹性模量（GPa）
	R3	R7	R28	R28	R28	G28
1	28	34.3	49.9	4.8	3.96	39.5
2	25.6	31.8	49.4	4.9	3.94	34.5
3	26.4	31.9	50.4	5.1	4.01	36.1

二、主要施工工艺

1. 搅拌工艺

由于 LWAC 的自重较小，采用卧轴强制式搅拌机，搅拌时间不小于 3min，在掺入纤维时，由于纤维分散性相对较差，须适当延长搅拌时间，使其充分搅拌均匀。增黏剂采取人工投料，在水中搅拌均匀后，且在外加减水剂加入之前投入，搅拌时间至少要延长 1min。减水剂须在陶粒充分拌湿后才能加入，以防止因陶粒吸附而降低减水剂的减水效果。搅拌过程中，用水量要根据现场陶粒预湿情况和砂的含水率来确定，最佳办法是手动加水。本工程采用场地搅拌，运料车运输。各种原材料的投料顺序非常关键，特别是轻集料陶粒的投料顺序。

2. 摊铺和振捣工艺

（1）在摊铺过程中，如发现纤维有结团现象，须及时用人工撕开抖散，避免摊铺时出现离析现象。如需补料，采用人工找补均匀，严禁抛掷和搂耙。

（2）由于陶粒的密度小于砂浆，LWAC 在振动密实过程中，不会出现像普通混凝土达到振动密实时砂浆泛起、骨料停止下沉淀的现象，因此振捣方式采用平板振捣器振捣。振捣原则是"振动时间短，振点间距短"。LWAC 重度小，气泡排出较困难，振捣必须充分，振动时间控制在 10s 左右。陶粒为多孔结构，振动能量在 LWAC 拌和物中的衰减速度要快于普通混凝土，为保证混凝土密实，应缩短振点间距。

（3）整平及抹面。由于陶粒较轻，在振捣过程中，难免出现陶粒上浮，因此需要对混凝土面层进行二次收浆。第一次收浆是在混凝土振捣整平后，用模板进行拍打、压平，初步用灰匙抹平整；第二次收浆是在混凝土初凝之前，对其进行收光处理。二次收浆的时间掌握最为关键，必须是混凝土接近初凝，但仍未初凝时的状态；否则，抹面后陶粒仍会上浮。在施工过程中，要严格控制好混凝土表面水泥浆的含量，不能过度地刮掉表面水泥浆；否则，不利于二次收浆。

3. 养生

为防止混凝土早期收缩裂缝的产生，应加强养生。浇筑完毕后，立即采用土工布覆盖保湿养生，保持每天洒水多次，使混凝土表面保持湿润状态。养生时间不少于 14d。

4. 交通组织

从技术和管理角度进行比选，最终采用单幅分车道封闭施工的交通组织方案。每一车道养生时间 14d 后开放交通，同时封闭另一车道进行施工。

三、质量改善的具体措施

1. 为了有效避免 LWAC 的裂缝产生和提高其耐久性：一是在混合料拌制过程中加入

高性能 UF500 纤维；二是采用土工布覆盖保湿养生；三是必须养生 14d，保证 LWAC 满足一定的强度后才开放交通。

2. 为了有效减轻 LWAC 在振捣过程中的离析分层、陶粒上浮现象，振捣方式采用平板振捣器振捣，没有采用插入式振捣器振捣。采取振捣原则是"振动时间短，振点间距短"。

3. 为了改善 LWAC 的工作性能、力学性能和耐久性，采取了外加粉煤灰、高效减水剂、纤维等掺和物。

第三章　高速公路设计

经济的发展、城镇化进程的加快，促进交通建设项目的增多。高速公路作为一种现代化的运输通道，它的建设对沿线土地资源的开发、居民交通的出行、国民经济的发展具有重大影响。本章主要对高速公路的路基路面设计以及特殊地基处理技术展开讲述。

第一节　高速公路路基路面一体化设计方法

一、概述

路基路面设计是否科学合理，需要经过详细的路基、路面、防护及其他相关资料的勘测与调查，根据调查的资料对路基的挖方、填方边坡、排水、防护、取土、弃土、平面交叉、立体交叉等进行设计优化。根据交通量、使用任务、性质、气象、水文、土质、地质、材料等因素，科学合理地确定路面等级和路面结构。

（一）传统路基路面设计

传统的公路设计强调路面的主导性作用，通过对路基变形、强度等的约束来保证其对路面的支撑作用。其设计过程主要包括地质调查勘探、路基设计、路基稳定措施、路面设计等几个主要方面。

1. 调查

（1）路基勘测调查

路基勘测应充分调查沿线地质情况，通过现有道路构造物调查、文献资料查阅、沿线群众调查、挖探、手钻探孔、打水井、挖坑窖等手段进行路线地质调查。挖探及手钻探孔一般间距为 500~1 000 m，深度 3~5 m，特殊地质路段应该适当加密。调查沿线土壤种类、性质（包括含水量，密实度，密度，塑、液性指数及沙砾土的颗粒组成）等。查明沿线不良地质现象（包括软土、古河道、可液化层等），查明地下水位及地表积水情况，查明路线区段内地震的情况，确定地震基本烈度。调查收集沿线地质、水文、地形及气象、气候等与路基设计有关的资料；调查沿线地表的水流方向、设计洪水频率 P 的地面天然积水深度；河沟洪水位、地下水位；填筑路基的土质特性，水质及路基建成后对天然沟阻水情况，确定排水方案。根据初拟的路线平纵面线形，对高填深挖路基的地点、地形地貌、地质开展调查，必要时布置地质勘探工作。为路线采取高架桥、隧道方式的技术经济比较及设置路基防护措施提供依据。根据土壤类别确定边坡坡度、边沟断面及路基断面，确定防护措施。沿路线分段做出路基排水设计。路基排水应根据地形及桥涵位置、农田灌溉综合考虑；路线穿过村镇时，应注意和村镇排水相结合。

对线外工程开展调查。原有各级道路的改移、水利设施的重新安排和调整、因施工需要而修建的临时便道和便桥等线外工程，应做详细调查和规划；部分等级道路的改建，应按改建工程进行勘察。对路基填料的来源、性质、征用方式及运输条件等进行调查；对路基弃方发生的路段、集中堆弃的场地、征地及运输条件等进行调查。对取（弃）土场的确定，应在沿线有关部门的配合下，充分征求沿线地方政府的意见。对取土场的地质勘探可以采取挖探、手钻探孔、机钻探孔等手段，并进行必要的土工试验，查明其土质的各项指标。且每处取土场的探孔应不少于5孔（四角各1孔，中心1孔），探孔深度应大于计划取土深度2~3m。在初步对每一处取（弃）土场现场调查完成后，及时填写"取（弃）土场调查记录表"。

（2）路面勘测调查

根据地质水文调查资料，考虑路面建成后对路基的影响，分析确定各路段土的类型及其干湿状态。收集已有道路设计、施工、养护等有关资料，进行各种路面结构类型下的营运与养护费用调查，以便做出路面经济技术比较，为方案比选提供依据。搜集有关气象、气候、冻深等基础资料，分析对路面产生不良影响的因素，提出处理措施。对路面使用的当地及外购材料（包括工业废渣）进行调查，包括以下内容：1）产地产量；2）开采运输条件；3）价格；4）利用工业废渣后对环境及其他方面产生的影响；5）利用工业废渣后，国家或地方政府给出的优惠政策；6）对水、土石灰、粉煤灰等工业废渣、水泥碎石等原材料取样按路面设计要求，进行有关的物理、化学、强度试验，提供设计的依据。对拟定的路面结构按路面设计要求取样进行组成设计，对各结构组成按照有关要求进行不同龄期的抗压、抗拉强度及模量等试验。调查区域内在建和已建高速公路项目，了解其成功经验和值得借鉴的教训，为路面结构设计提供参考。

（3）路基防护勘测调查

路基防护勘测调查包括：1）各路段初步确定的路基边坡防护工程的位置、防护路段长度及采取的防护工程形式；2）如果初步确定的路基边坡防护工程科学可行，可以实地放出构造物轴线，进行水准测量和横断面测量；3）对于采用绿化方式进行边坡防护的路段，应在现场观察边坡土质的适种性，以选择适宜种植的植物，种植位置、季节及方式；4）以上防护方式确定后，进一步调查边坡的土质、稳定性、含水量情况等。

（4）其他相关调查

1）调治构造物勘测调查

①应调查河水流向、水位、河势、汇水面积，确定调治构造物的具体位置、长度和形式。

②应实地放出调治构造物轴线,测量坝头、坝身、坝根横断面及轴线高程。

③沿河、湖、海、水库等地段路基,应调查洪水位、潮水位、波浪高,岸、滩的冲刷和淤积情况。

2)改移河道(沟渠)、道路勘测调查

①实地调查、确定改移的方案和位置。

②实地放出改移工程的轴线桩,并进行纵、横断面测量。改移工程轴线应与路线或导线联测。

③改移河道、主干沟渠及等级公路工程,应测绘比例尺为1:2 000~1:500的地形图,测绘范围应满足设计要求。

3)地质不良地段调查

地质不良地段应调查其具体位置涉及的范围、属于哪一类地质病害,对路基、路面有何影响,根据这些确定治理措施。复杂的地质不良地段应测绘比例尺为1:2000~1:500的地形图。

2.路基设计

路基设计时应总体考虑,不应只看局部,片面追求高指标,这样才能避免路基的高填深挖。

当无法避免高填方时,应多做几个方案,进行经济比选。一般路基填方高度不宜大于15 m。如果在山区或跨越大峡谷导致填方高度大于15 m时,优先考虑采用桥梁。如果局部填方高度大于15 m,且是小体积填方,路基弃方数量大又难以找到合适的弃土场地时,可以考虑填方,但要提出保证路基稳定的措施,避免路基产生不均匀沉降变形,同时不破坏周围环境景观。对于河流,防洪必须满足规范规定指标。

当路基挖方深度超过30m时,应与隧道方案相比较。如果由于地形限制,路基挖方边坡高度超过40m,应对地形进行分析,寻找可以避让的路线,或对平纵横进行局部调整,或采用半隧半路、半桥半路、隧道、纵向分离式路基等措施,并进行方案比选。

总体设计应考虑全路段,所确定的路基边坡方案应安全合理可行,少占地,路基边坡应与自然相协调,取消单一坡率,随地形地貌顺势圆滑过渡,坡脚、坡顶无折角,自然过渡。路基边坡防护可借鉴国内的成功经验和教训,防护形式在经济合理的情况下应多种多样。除考虑工程自身的需要外,还要与排水工程、绿化工程和景观等有机地结合起来,形成统一的整体。对于自然裸露的稳定岩石,只要不影响行车安全可不做防护。

对于低填路段,路基边坡宜采用植物防护,对填方路基超宽(每侧30~50 cm)填筑的土方不必清除。既节约资源和资金,又体现边坡坡率的灵活、自然。对于挖方边坡,为保证挖方边坡的稳定,在地质环境允许的前提下,挖方边坡尽量放缓,并优先考虑植物防护。

排水设计必须满足环境保护的要求,防止水漫流造成水土流失。截水沟不应见挖方就设,而应根据汇水情况来定。如果汇水面积不大,则尽量不设。截水沟断面宜小一些,并在两侧种植爬藤植物,以遮盖沟体。

对于超高路段，结合既有高速公路的成功经验和教训，四车道段宜采用横向直排方式，六车道段宜采用沿内侧路缘带纵向设暗沟集水井的排水形式。

应尽量利用沿线附近的工程废弃方、工业废渣、废料等作为路基填料，当无废料可利用时，应在视线以外，选择荒地或小山包、山川河谷地貌等易恢复的位置，且在完工后应恢复原地貌。

弃土应在详细调查和遇感遇测的基础上，结合水土保持方案和当地农田开发规划合理确定弃土场。弃土场进行复绿或复耕。结合地形等特点研究弃方综合利用方案，减少水土流失。

3. 路基稳定措施

为避免路基出现较大的工后沉降，应对沿线非软基地段的原地面进行表土清理与压实，对基底强度、稳定性不足的路段应加强处理，包括换填材料。加入工业废料，填前碾压等技术处理措施，但必须注意因此而增加的工程量和由此而引起的工程费用增加。

沿河、沿海和湿地路线，地下水位相对较浅。为了保证路床强度，应设置透水垫层或换填无机材料稳定土进行处理。

路基在构造物两侧会产生不均匀沉降，形成桥头跳车，故应对桥梁和涵洞两侧路基填筑设置过渡段。过渡段长（2-3）×H+B（H为桥台或涵洞高度，B为过渡段底宽），底宽3~5 m，衔接段纵向坡度不随于1：2。桥涵台背和挡土墙墙背填料，应选用透水性材料，每层铺筑厚度应不大于20cm，过渡段范围内的路基压实度不小于96%。对于难以压实的台背和墙背填料可以采用流态粉煤灰或流态水泥土，因其密度低、强度高，既能保证路基稳定又减少工后沉降。台背路基必须与锥坡填土同时进行，要求从填方基底或涵洞顶部至路床顶面压实度均达到96%。

对于湿陷性黄土路基，适宜采用强夯法或冲击压实处理。根据湿陷级别和厚度，选择夯击能。

路基位于斜坡面上时，要挖台阶并压实，对其上坡向的一侧，要做深排水边沟，以阻断地表水和地基的上层潜水向路堤下的地基渗透。

4. 路面设计

路面设计要根据交通量、使用任务、性质、气象、水文、土质、地质和材料等因素，合理确定路面等级和路面结构。每个项目应结合区域路面早期破损的经验教训，积极探索路面设计的新理念，并考虑地方政府关于路面建设的指导意见。广泛调查路面材料源、运距、运价、材料性能，并取样进行原材料及混合料试验，根据试验结果并考虑材料可能的波动，合理确定各项设计参数。

路面设计既要遵循规范，又要不被规范束缚，要根据沿线气候特点，环境影响及国内实践经验，并充分考虑施工条件和养护条件，全线设计不应采用同一种材料、同一种结构、同一种标准，应根据上行交通情况，下行交通情况，每一路段气候、环境条件，上坡、下坡路段，分别设计，做到与环境、交通量、交通荷载、速度相适应。气温高、上坡、速度慢、交通量大、交通荷载重的路段应加强设计，不仅在路面结构上下功夫，还应对路面材料做选择，施工时更应加强监理和监督。投入运营后，养护是关键，应采取预防性养护，将路面病害消灭在摇篮中。

如果在沥青混凝土面层、基层、底基层实施新技术、新工艺，应进行科研立项、室内试验研究、新旧技术方案比选，最后现场铺筑同尺寸试验路段，形成文字的施工指导书，除指导施工外，还便于存档。采用的路面结构与施工工艺应进行经济技术综合比较，不仅要满足交通量和使用要求，还要适合当地环境与气候，料源充足，施工工艺简单，今后养护维修方便。选择技术科学合理、先进可行、经济节省、安全可靠、适合工厂化、机械化施工的技术方案。

我国交通流量大、重载车辆多，面层一般采用改性沥青混凝土，根据沿线不同地区的气候条件、水文条件、道路环境、交通量构成、地质条件、施工条件、材料性能、材料来源等分段进行路面设计，不能全路线段都采用同一种路面结构与路面形式，路面材料也应相应变化。应同时提出多种方案。每一种方案都要有经济指标和技术指标，邀请有经验的技术专家进行方案技术论证，经比较后提出最终确定的路面结构和路面形式及改性沥青材料。相同的沥青材料混凝土路面在不同地区表现出的路用性能也不相同，设计时要注意上坡和下坡的不同，只有考虑周全，才能保证路面的温度稳定性和水稳定性。水泥稳定碎石结构比石灰或石灰粉煤灰稳定碎石结构的水稳定性更好。底基层应尽量采用当地廉价材料。交通量大且荷载重的公路路面、下（中）面层宜采用改性沥青混凝土。

硬路肩、中央分隔带开口段的路面结构与厚度。宜与行车道部分相同。互通式立交的加减速车道的路面结构和厚度与主线行车道相同。匝道部分的路面厚度，根据交通量可适当减薄。收费站及其广场采用水泥混凝土路面。

5. 传统路基路面设计中存在的问题

尽管路基路面传统设计已经非常成熟，但是仍有很大的改进空间。尤其是对特殊路段的设计，其主要问题如下。

（1）现行路面结构设计中存在设计参数取值范围较大的问题。

（2）我国现行路面设计规范，缺乏基于路基路面协调变形的路基合理刚度设计研究，即如何控制路基回弹模量，实现路基路面刚度协调。

（3）现行路基设计规范采用承载比 CBR 作为路基填料强度控制指标，虽给出了不同设计等级公路的路基最小强度与压实要求，但并未考虑交通等级、轴载水平及车辆重载、超载情况的影响。

（4）在研究车辆与道路相互作用时，在方法上，大多偏重于从路面的角度来研究，而对车辆的参数考虑得相对较少，同时，研究主要集中在车辆与路面之间相互作用的力学分析上，很少把路基路面作为一个整体来研究。

基于上述问题，老集高速公路建设管理方联合科研单位及高校等开展了路基路面一体化设计的研究，在设计时将路基路面作为一个整体来考虑，确定适宜的参数取值范围，实现路基路面的协调变形，改善路基路面的应力状态，提高路基路面长期使用性能，并将研究成果成功运用于老集高速公路工程，实现了设计方案的优化。

（二）路基路面一体化设计

路基路面一体化设计的理念主要是基于对路面病害的规避而提出的。

1. 高速公路路面主要病害及其原因

引起高速公路路面的破坏有多种原因，表现有多种形式。

（1）泛油

这是我国高速公路路面病害最为常见的一种现象，具体是指在高速公路的混凝土路基上铺设好沥青以后，常常会有沥青从混凝土层的下部或是内部向上移动，这样一来便会有大量的沥青渗出到混凝土表面上，从而给车辆正常行驶造成一定影响。

（2）车辙

高速公路路面车辙主要是在车辆行驶荷载的反复作用下使路面产生永久性变形积累形成的带状凹槽。高速公路路面上一旦出现车辙会导致路面平整度下降，当车辙达到一定深度时，便会在凹槽内形成大量积水，非常容易引起交通安全事故。此类病害也是高速公路路面病害中造成后果较为严重的病害之一，必须对此予以高度重视。

（3）裂缝

几乎所有的高速公路路面上都存在或多或少的裂缝，大体上包括纵向裂缝和横向裂缝两大类。其中纵向裂缝主要是由于路基压实度不达标、路面不均匀沉陷以及施工缝质量不过关或是基层承载力不够造成的。而横向裂缝的产生则往往是因为温度的应力作用。这种裂缝又被称为疲劳裂缝，它会随着时间的增长而发生变化，当高速公路路面的抗裂能力降低到一定程度时，温度裂缝便会不断增加，从而严重影响高速公路路面行车的安全性。

（4）松散

这种情况主要是由于沥青混凝土表层中的集料颗粒大面积脱落，并从表面不断向下发展引起的一种现象。当高速公路路面的沥青混凝土表层中的集料颗粒与裹覆之间的黏结力降低到一定程度时，便会引起集料颗粒的大面积脱落。

（5）渗水

这种现象又被称为水破坏，具体是指雨水等渗入到高速公路路面内部导致路面损坏的现象。此类情况的产生主要是由于施工中未控制好混凝土的配合比或是沥青混合料拌和得不够均匀以及碾压不到位等等，从而导致沥青混凝土路面表层的孔隙率过大而造成的。一旦高速公路路面出现渗水的现象，便会使路面的结构层和基础层破坏，这样一来很容易引起各种问题。

2. 高速公路路基病害

（1）基层

高速公路的半刚性基层厚度多在 20 cm 左右，采用水泥稳定碎石（或砾石）或石灰、粉煤灰稳定碎石（或砾石）。半刚性底基层厚20~40 cm，采用的材料有石灰土、水泥土、二灰土、二灰砂、二灰和水泥石灰土等。半刚性材料层的总厚度通常不超过60 cm，最薄为40 cm。半刚性材料路面的承载能力取决于半刚性材料层的质量和厚度。如果基层或底基层质量不好或不均匀，不能形成一个完整的整体，容易导致沥青路面产生局部破损。在路面设计和施工都符合要求的情况下，半刚性路面的结构性破坏常发生在行车道的轨迹带上。在轨迹带上先产生纵向细小裂缝，而后产生通过轨迹带的横向裂缝，最后发展成网裂和形变。

（2）岩土地基

填土路基产生纵向不均匀沉降，使路面顶面产生波浪式的不平整。产生纵向不均匀沉降的原因：一是路基填土压实度不足，由此，往往导致填方路基的不均匀沉降变形，路基两侧出现纵向裂缝；二是路基填料不均匀，控制不当，填料性质差异大，级配相差较远，在荷载的长期作用下回填料易产生不协调的沉降变形，导致路基不均匀沉降；三是地下水的影响，地下水的动态变化及其潜蚀作用影响到填土的有效应力分布、土体的结构特征和强度，从而导致路基的不均匀沉降；四是路基综合刚度差异显著，在相同外力的反复作用下，可能会出现明显的差异沉降；五是地基中存在软弱土层，其力学性能差，在附加应力的作用下，会产生固结沉降、次固结沉降和侧向塑性挤出，而导致明显的沉降变形。

桥头跳车是由路基路面沉降引起的，是路基路面纵向变形最严重的一种形式。它是由于桥头填土较厚，路基路面容易产生大的沉降，而桥头的沉降量很小，从而产生错台高差。这种现象在软基路段、湿陷性黄土地区尤为严重。

（3）特种土层的路基

淤泥质黏土、红黏土等软土地基往往因固结沉降稳定时间长，或是因修路微型水文地质条件发生了改变，从而引起路面沉陷。湿陷性黄土路基，在地下水的作用下老的空穴增大，并发生新的空穴。

（4）不良地质现象对路基稳定的影响

地基位于（或存在）不良地质体，如滑坡、空穴，由于高速公路的修建改变了微地貌环境，水文条件和工程地质条件均发生了变化，在持续动荷载作用下，原有的不利地质条件被进一步激发、扩大，从而引起路面沉陷、裂缝，甚至大范围的路基塌滑。

综上所述，将路面破损和路基病害成因类型对应分析，能够发现它们相互作用、相互影响。路基病害会引起路面破损，而路面破损又加快了路基病害的产生和发展，表现为路基压实度减小、含水量增大、裂缝松散体的产生等。路面破损往往是路基病害的表现形式，这就为"路基路面一体化设计"提供了客观事实依据，说明应从设计的角度控制路基路面的协调性、整体性。

3. 路基路面一体化设计的基本思路

路基和路面是相互依存的。它们共同承受车轮、大气因素和工程地质因素对道路的作用，共同维持道路的工作特性。路基是路面的基础。它的强度和稳定性，对路面的使用状态有特别重要的作用，因此路基设计应全面考虑路基路面强度和稳定性。路面是路基之上的层状构造物，路面结构层设计对路基的水稳状况有一定的影响，因此路面也应结合路基进行整体设计。

路基路面一体化设计的思想是路基路面综合设计的方案优化。该方案把路基路面视为整体结构进行综合设计，考虑路基与路面的协调变形，选取合理的路面设计中的结构参数和材料参数以及路基设计指标，确保路基与路面的协调变形，使路面不产生早期破坏，提高路基路面长期使用性能。

路基路面一体化设计的核心是确定路基路面协调变形的设计参数，其基本思路是：基于路基路面协调变形，通过建立三维有限元分析模型，并对典型路面结构的荷载应力进行计算，结合正交试验设计的方法对路基路面设计参数进行组合，系统分析设计参数对路基路面应力响应的影响来确定。老集高速公路的分析结果表明，在路面设计参数中，仅有路基回弹模量对路面板拉应力与面层板厚度对路基应力有显著影响。因此，将路面厚度和路基回弹模量设计作为路基路面协调变形设计的重点。基于不同路面板厚度下路基工作区深度，可将交通荷载影响区加深一定深度。基于不同路面板厚度、路基回弹模量和不同轴载对路面板疲劳寿命影响的规律，在重载交通条件下，应该增加路面厚度和增强路基。

二、路基路面一体化设计参数的确定

路基路面一体化设计的重点在于路基路面协调变形的设计。针对这一目的展开研究，采用正交试验设计的方法对路面设计参数进行组合，系统分析了设计参数对路基路面应力响应的影响。最终得出，在路面设计参数中，仅有路基回弹模量对路面板拉应力与面层板厚度对路基应力具有显著影响。因此，可将路面厚度和路基回弹模量设计作为设计的重点。

（一）协调变形设计参数的研究

为综合分析路面结构设计参数对路基路面应力响应的影响及其显著性，采用正交试验设计的方法来进行结构参数组合。在试验设计中，对面层与基层的厚度和弹性模量、路基的回弹模量分别设定5个考察水平，各水平的取值见表3-1，而对于路面结构中的底基层，在分析中则将模量值取为600 MPa。按正交试验安排试验参数组合，见表3-2。

表3-1 路面结构与材料参数

结构层	材料类型	厚度/m	平面尺寸/m	回弹模量/MPa	泊松比	密度/（kg·m^{-3}）
面层	沥青混合料	变化	5×4	31 000	0.15	2400
基层	5%水泥稳定碎石	变化	6×5.5	1 200	0.20	2200
底基层	4%水泥稳定碎石	变化	6×5.5	800	0.25	1900
路基	巨粒土	7.00	6×6	变化	0.15	2000

表 3-2 路面结构考察因素与水平设置

水平	基层厚度 h1/cm	基层厚度 h2/cm	底基层厚度 h3/cm	基层模量 E1/GPa	基层模量 E2/MPa	路基模量 E0/MPa
水平 1	20	18	20	24	800	25
水平 2	22	20	22	26	1000	35
水平 3	24	21	24	28	1200	45
水平 4	28	22	25	30	1300	55
水平 5	30	24	26	31	1400	60

(二)路基回弹模量

对于具体路面结构,我国现行路面设计规范缺乏基于路基路面协调变形的路基合理刚度设计研究,即如何控制路基回弹模量,实现路基路面刚度协调,进而改善应力状态,提高路基路面长期性能。

鉴于此,老集高速公路工程针对工程实际,通过建立典型路基路面三维有限元分析模型,系统分析了不同路基回弹模量下路基路面应力应变响应,从而求得路基回弹模量的合理设计值。

由于路面接缝的存在破坏了其面层材料的整体性,考虑到结构的非对称性,采用三维有限元方法进行分析。考虑到基层超宽和路基分析尺寸对分析结果的影响,路面结构参数和材料参数见表 3-1。计算中,在路面板四周边界、基层和路基侧面以及路基底面设置法向位移约束。分析路基力学响应时忽略接缝传荷能力的影响被认为是合理的,仅采用单板模型来进行计算。轮胎接地形状采用矩形,其宽度和长度分别取 22cm 和 24cm,轮胎接地压力与轮重和内压的关系如下式:

$$p = 0.0042P + 0.29p_i + 0.145$$

式中:

p——轮胎接地压力(MPa);

P——单轴双轮重(kN);

p_i——轮胎内压(MPa)。

路基回弹模量的提高将增强其抗变形性能,提高路基荷载分担比例,从而导致路基荷载应力水平上升,而路面荷载响应量(弯沉和板底拉应力)则呈下降趋势。从而在设计时可以通过调整该参数进行协调变形的控制。

三、老集高速公路建设中路基路面一体化设计方法的应用

路基路面一体化设计的核心思想是路基路面的协同工作,其中,路基作为路面的承载结构,其设计和施工是保证这种协调变形的基础。

老集高速公路沿线地基地质条件十分复杂,软弱地基、可液化地基等多有分布,尤其是有较大范围高原湿地软基存在,强度较低,承载力较小,基础常年饱和。在这种特殊地

基条件下进行路基路面一体化设计,其核心思想是以路基回弹模量为基础确保路基路面协同工作。本节以老集高速公路巴音乡软土地基段(K316+722-K321+382)为例,说明路基路面一体化设计方法在老集高速公路中的实际应用。

1. 软基处理

巴音乡软土地基段位于乌兰察布高原南缘,海拔高度为1290~1305m,属黄旗海附近低洼地,地势平坦,水系不发育,由于岩性较细,地下水排泄不畅,形成高原湿地软弱土地基。软土最大深度为4.5m,局部见腐殖土及只有在近地表还原环境下才能形成的黑色泥炭。地下水位在0.0~0.5 m。属典型的大陆性气候,气候干燥,降水主要集中在6、7、8三个月,暴雨多,蒸发量大,昼夜温差大,公路自然区划为川区。

从上述的区域气候与地质资料来看,地表土壤受季节影响起伏较大,且地下水位较高,地质结构松软,地基土含水量较大,孔隙比大,具有渗透性小、压缩性高、抗剪强度低、触变性等不利的工程性质。因此,在路堤填筑过程中,由于荷载力的作用,极易使路基下面的应力和结构发生变化,从而导致施工过程中路基沉降及不稳定性的发生,严重影响道路的质量和使用。

湿地软土地基的荷载形式复杂多样,高速公路对路堤变形的要求高,在软土地基上修筑公路,如果处理不当,将会带来路堤的位移滑塌、失稳、沉降变形和结构物与路堤接触部位的差异沉降等诸多工程问题,进而引起公路路面的早期损坏,影响和缩短公路的使用年限。因此提高软土地基的承载能力以及合理控制沉降,为路基路面结构提供良好的地基条件,成为路基路面一体化设计至关重要的前提条件。

考虑有限元分析中给出的路面厚度建议值28~30cm和路基回弹模量建议值40~80MPa,应对软土地基进行相应的加固设计,使得软土地基满足承载力、沉降等设计条件。软土地基加固的具体设计内容将在后续章节详细论述。

老集高速公路路基路面一体化设计方法及流程如前所述:建立地基、路基路面的三维模型,借助有限元软件进行分析计算,除了本节第二部分中考虑的设计工况外,还需要考虑湿地软基上路基沉降的影响因素,最终确定合理的路面厚度以及路基回弹模量值。

2. 高填方路堤预压处理

老集高速公路沿线地质复杂,不良地质地段(例如软土地基)较多且路基填土高度多数情况大于6 m。一般认为对于软弱地基填筑高度大于6 m就可视为高路堤,根据高路堤的特点:由于路基填筑高度大,要求路基本身必须具有足够的整体强度和稳定性;荷载相对较大,要求高填方地基承载力高、稳定性好;路基本身累计沉降大,对路基单位填筑高度的工后沉降要求更为严格;填料性能复杂不一,高填路堤工后沉降、差异沉降问题不容忽视等等。另外考虑软土地基承载特性,必须对老集高速公路的高填方路基进行严格的设计和施工控制,其中最主要的问题是路基本身及地基的沉降。

老集高速公路采取超载预压的方法进行软土地基上高填方路堤工后沉降控制,并埋设沉降板进行了连续6个月的沉降观测,根据实时监测结果及时了解施工过程中路堤的沉降及稳定情况，进一步指导施工的同时确保路堤的安全与稳定；通过软土地基沉降监测，确定预压卸载时间，力求在较短时间内完成路基的填筑工作，并确定路面的最佳铺筑时间及推算工后沉降量。

由于路基回弹模量在土质类型和含水量一定的情况下，主要受压实度的影响，压实度越大，路基承载能力越大，强度越高，回弹模量越大；反之压实度越小，路基承载能力越小，强度越低，回弹模量越小。因此，根据老集高速公路路基路面一体化设计给出的路基回弹模量建议值 40~80 MPa，在进行超载预压时要对压实度进行相应的控制。老集高速公路在进行超载预压设计时主要通过控制预压荷载、卸载标准对压实度指标进行控制，进而实现路基回弹模量的合理取值。

3.沉降观测检验路基路面一体化设计效果

众多因素影响（荷载、路基填筑高度等）导致路基产生的不均匀沉降，将影响路面结构层的整体刚度，进而影响路面的使用寿命，此外路基沉降变形往往不是瞬时全部完成的，部分变形在公路通车相当长的一段时间内还将继续发展，进而导致纵横断面的变化而影响行车质量。因此，通过后期的沉降观测对考虑上述因素进行的路基路面一体化设计进行检测，可以有效地检验一体化设计效果。另外，为了完善设计，指导施工，从预防和负责的角度出发，根据相关规定要求，在软土地基上修建高速公路必须对路堤在填筑过程中进行沉降与稳定的动态监测，用以观测研究在高原下湿地软土类型的软基上修建高速公路路堤的稳定和沉降规律性。

通过近 12 个月的连续观测，可以表明以路基路面一体化设计思路来指导老集高速公路的软基加固设计和超载预压设计，能确保路堤稳定性，有效减小被加固土层的总沉降量，缩短工期，实现路基路面的协调变形，延长高速公路的使用寿命。

四、大数据时代背景下高速公路的运营

（一）大数据理论阐述

大数据就是通过多维数据体系对特定的事物进行监控与描述，并通过适当的手段对其进行数据挖掘，进而形成对企业经营或者决策的帮助。有大数据作为基础支撑，可以对客户的消费习惯与实际需求进行全面了解与掌握，同时通过服务体系的建设，在帮助并且满足客户需求的基础上有效提升经营效果。就目前而言，无论是各个部门与机构的数字化管理体系云存储与处理技术，还是人们的数字化生活习惯均为大数据的开展提供了必要条件，并为后续的具体建设提供了保障条件。因此高速公路工程各参建与管理部门需要从实际出发，对大数据环境以及今后发展的影响进行研究，把握大数据时代的种种机遇，有效提升高速公路运营的质量与效益，为社会公众提供更为便捷、舒适的服务。

（二）大数据时代背景下提升高速公路运营质量的有效措施

1. 应用大数据强化高速公路执法效果

一般来说，在高速公路执法过程中遭遇的主要困境在于车牌号的遮挡、特种车辆的逃费等。在大数据时代背景下，借助大数据手段可以有效解决此类问题。首先，借助大数据体系构建基于车辆的完整数据库，将车辆的号牌、载重量、车主信息等进行搜集与整理，并给予车辆运动抓拍系统对其外部抓拍表象进行存档，如果号牌不在数据库内，需要对车辆外形特征、时间段信息等进行识别与检测，对套牌等行为进行严厉处罚。其次，高速公路数据库需要与外界数据库进行联通，对特殊收费标准的车辆信息进行搜集，在实际收费过程中则表现为数据的调用与判断。此外，通过云平台方式，高速公路执法部门还可以与交警系统进行互动，共同建立驾驶人及车辆黑名单系统，对违规驾驶的车辆及驾驶人进行及时而严厉的处罚，从而强化高速公路执法的有效性。

2. 应用大数据优化高速公路监管质量

通过高速公路监管，可以为车辆安全及乘客生命财产负责。借助大数据手段，可以借助与运营商等方面的数据联动对驾驶人进行提醒与控制，避免驾驶人存在疲劳驾驶、违规驾车等问题。从高速公路的角度出发，通过交通管理局等单位对车辆所有人的信息进行搜集与整理，可以供运营公司调用。在发现疲劳驾驶、违规驾驶等行为时，可以通过高速屏幕、高速广播等手段警示驾驶人，必要时需要强制其进行休息。从运营商的角度来说，可以通过与高速公路的联网获取车辆的实际行走时间，以此为基准对驾驶人的驾驶行为进行规范与提醒，为驾驶人驾驶的合规性提供保障，同时上传驾驶人的驾驶特征与习惯，从而实现高速公路管理部门与运营单位对驾驶人的综合管理。

3. 应用大数据增加高速公路跨行业收益

在高速公路运营的过程中，除了需要保证驾驶人及车辆通行的安全性与稳定性，还需要为驾驶人提供各类必要服务。服务区的建设就是其中关键性的内容与方式，采用大数据方式与跨行业进行联合可以有效地提升高速公路的整体服务水平，进而提升高速公路的运营质量，主要包括以下几方面内容：（1）与农业、林业等部门进行联合互动，结合当地区域的经济发展体系与惠民政策内容，对绿色农业运输车辆进行免费等；（2）与4S店、餐饮等服务行业进行联合互动，提升服务体系的人性化与多功能性，以此优化高速公路运营的整体效果；（3）通过各省政府或者企业联合会等机构，构建各省高速公路系统的大数据，对绿通车辆进行分析与认定，从而降低假绿通出现的频率，提高营业收入，保证经济秩序的正常与稳定。

此外，在高速公路运营过程中，主要收入为零散现金流，因此需要借助大数据手段通过对金融市场进行把握与控制，实现凭借大数据手段可以对整体的资金流进行有效控制的目的，如此可以有效提高高速公路的非经营性收入，为高速公路的后续建设与发展提供必要的保障条件。

4.应用大数据提升高速公路综合性服务

除了收费以外，高速公路运营还需要对高速公路安全状况进行规划，如此势必需要对气象、交通、路况等方面的信息进行综合性掌握，主要体现在以下几方面：(1) 联合气象部门，对未来一周内的气象变化与趋势进行判断，并进行分级划分，依照气象范围，如果天气变化对高速公路通车影响不大，需要实施限速、限行等措施，保证通车的安全与稳定；如果天气变化对通车影响较大，需要实施限行、封路等措施，避免发生交通事故。(2) 与交通部门进行联合互动，对高速公路下道口的周边交通情况进行充分掌握，并利用高速屏幕提醒驾驶员，使其提前做好准备与计划，保证高速公路的畅通。(3) 在大数据手段的应用中，还可以对人们的出行习惯及目的地进行预先判断，从而构建基于公路网络的全国调配系统，如此可以对高速公路的车流量进行有效引导，还可以为旅游景点的建设与相关规划提供必要的参考与借鉴，其作用不可小觑。

第二节　软基处理技术

一、概述

公路软土地基的特点是地质条件复杂，荷载形式复杂多样，高速公路对路堤不变形的要求高。在软土地基上修筑公路，如果处理不当，将会带来路堤的位移滑塌、失稳、沉降变形和结构物与路堤接触部位的差异沉降等诸多工程问题，进而引起公路路面的早期损坏，影响和缩短公路的使用年限。

（一）高速公路软基处理特点及处理技术

1.高速公路工程的软土地基问题

（1）强度及稳定性问题。当软土地基的抗剪强度不足以承受路堤及路面外荷载时，地基可能会产生局部或整体剪切破坏，造成路堤塌方、失稳，引起桥台破坏。

（2）沉降变形问题。当软土地基在上部荷载及外荷载作用下产生过大的沉降变形时，会影响道路的正常使用。特别是产生过大的不均匀沉降时，路面会开裂破坏，构造物与路堤衔接处差异沉降，引起桥头跳车，涵身、通道凹陷，沉降缝拉宽而漏水，路面横坡变缓、积水等。

（3）地震、车辆震动等动力荷载可能引起地基软土特别是饱和无黏性土的液化、失稳及震陷等。另外，由于外界水循环变化、温度变化等引起的管涌、冻融等也可能引起地基强度和变形的显著变化，从而影响道路的正常使用。

当道路工程特别是高等级公路工程中遇到上述问题时，必须采取地基处理措施，否则会引起质量问题。如日本常磐高速公路神田桥从1986年9月20日通车后，19个月中平均每月修补一次错台，严重影响了路面质量和通行能力；我国沪嘉高速公路通车4~5个月后桥头错台达7~8 cm，使行车速度大为下降；江苏宁连一级公路，由于软基沉降等问题，使路面开裂、桥头错台，通车几年来一直小修不断。

2. 高速公路工程软基处理特点

（1）高速公路为大型线形工程，地基处理长度往往达几十公里，工程量大，地基处理设计参数的每一点变化都会引起较大的经济影响，常规方法如强夯法中的动力置换、塑料排水板等往往不适用。因此必须对地基处理方法进行优化。

（2）高速公路沿线基础类型较多，如扩大基础、桩基础。一般路段堤高变化大（2~7m），对地基处理要求也不一样，特别是一般路段和一般构造物常以变形作为设计控制标准，因此处理原则与方法应有针对性。

（3）高速公路往往穿越多种地貌单元，土层条件多变。同一种地基处理方法，也应根据土层变化进行调整。同时，沿线施工环境变化大，在施工顺序和施工方法上应重视对邻近已建和在建构筑物的影响。

高速公路地基处理质量检验方法应根据面广量大的特点，采用快速、经济、有效的方法，而常规的荷载试验、标准贯入试验等受到一定的限制。

高速公路工程软土地基处理的目的是利用夯实、置换、排水固结、加筋和热力学等方法对地基土进行加固，以改善地基土的剪切性、压缩性、振动性和特殊地基的特性，使之满足道路工程的要求。显然，对于交通量大、养护时间少的高等级公路，地基处理得恰当与否直接关系到工程质量、投资和进度。因此，地基处理对节约基本建设投资，保证公路正常运营具有重要意义。

3. 高速公路软基处理技术

当天然地基不能满足建（构）筑物对地基稳定、变形及渗透方面的要求时，需要对天然地基进行地基处理，以满足建（构）筑物对地基的要求，保证其安全与正常使用。

虽然地基处理的方法很多，但不管采用何种处理方法，处理后的地基必须达到以下几方面的要求。

（1）强度要求：满足地基土在上部结构的自重及外部荷载作用下不致产生局部或整体剪切破坏。

（2）变形要求：满足地基土在上部结构的自重及外部荷载作用下不致产生过大的沉降变形，特别是超过建筑物所能容许的不均匀沉降变形。

（3）动力稳定性要求：满足地基土在动力荷载（如地震荷载）作用下不致发生液化、失稳和震陷等灾害。

（4）透水性要求：满足地基土的地下水不会由于施工而造成渗漏量或水力坡降超过容许值，而发生涌土、流沙、边坡滑动等事故。

（5）特殊土地基安定性要求：满足湿陷性黄土、膨胀土、内陆性盐土等特殊土上的建筑物不会由于不良土性而发生损坏。

4. 软基处理的基本原则

每一种地基处理方法都有其适用范围和局限性，不存在任何条件下都是最合理的万能处理方法。地基处理方案的选择，需要了解地基处理的目的、填筑路堤对地基的具体要求、设计要求的地基承载力、土的性质、施工工艺及设备、对施工周期的要求以及当地积累的施工经验、地方材料来源及单价、周围环境对施工的特定要求等。

一般来说，地基处理方案的选择必须具有地质报告等基本资料，必须了解周围环境对地基处理施工的要求，了解类似场地上同类工程地基处理经验，提供对地基处理设计的要求。

5. 软基处理方案的选择原则

（1）根据场地工程地质条件、建筑结构类型、使用要求、场地环境特点、施工设备、建筑材料来源及单价以及设计对承载力和变形的要求，初步选定几种可供考虑的地基处理方案。

（2）对初步选定的几种方案按技术可靠性、施工可行性、工期及造价等进行分析比较，并结合当地已有经验，确定最佳方案。

（3）注意软基处理方法的联合使用。特殊情况下，单靠一种处理方法难以满足工程要求，必须根据实际情况选择两种或几种处理方法联合使用。

（二）老集高速公路软基处理特点

老集高速沿线经过多处软弱地基，地质现象丰富；所属高原地势平坦、水流缓慢、排水不畅，同时温度比较低，冻土普遍发育，阻止水分下流，致使地表过湿，形成大面积的沼泽湿地；最为重要的是，内蒙古高原是由季风多年吹积形成，土质比较疏松，形成了表层不深的软土，并夹杂深度不一的泥炭土层。这是高原湿地的最重要特征，也是高原湿地地区软基处理的重要课题。

1. 泥炭土的性质特征

泥炭地基的承载力低、压缩性大、地下水位较高，因此常造成工程上许多问题，如建（构）筑物的滑移、大量沉降，还可能出现翻浆、侧流及地下水位下降，受震动则造成下卧层破坏。其主要涉及下列几方面。

（1）稳定性问题。稳定性分析涉及分析目的和分析方法，一般对于抗滑移问题安全系数取 1.2，对防侧流问题安全系数取 1.5。

（2）沉降问题。泥炭地基的沉降分为弹性沉降、固结沉降、徐变沉降及侧流沉降，但各阶段却难以严格区分和度量。沉降问题涉及地基勘察、地层构造、沉降计算及竣工后的测试等。

（3）邻近建筑物的变形问题。由于泥炭地基地下水位很高，施工时常要采取降水措施，因而会导致邻近地基地下水位的变化，可能使邻近建筑物下沉、倾斜或破坏。在对泥炭地基进行勘察时应考虑到这一点。

（4）振动与噪声。在泥炭地基上施工时，会有施工机械、交通工具的振动与噪声问题，这会造成下卧层破坏以及对周围环境产生影响，施工时必须采取相应措施。

2.泥炭地基的物理化学特性、固结特性及力学特性

（1）物理化学特征

有泥炭存在的地基的地下水位较高，通常为地表下10~70 mm，而且含水量很高。不同于一般地基的三相组成，它可分为四相：有机质、矿物质、液体和气体。其中有机质内又分为固、液、气三相。泥炭不但含水量高（可达100%）、灼失量大（可达90%）、孔隙比大、压缩性高、密度小、比重小、抗剪强度低，而且压缩指数抗剪强度与渗透性都表现出各向异性。

（2）抗剪特征

泥炭的抗剪强度来源于纤维的各种张力及黏性阻力，可用无侧限压缩试验和三轴试验对泥炭的抗剪性能进行研究。

1）无侧限压缩试验

泥炭在无侧限压缩过程中，产生排水，并且初状态与末状态的含水量和密度差异很大。泥炭的压缩特性与含水量有关，破坏应变随含水量的不同而不同。通常含水量低于300%的泥炭，破坏点在应变的15%以下；含水量高于400%时，破坏点在应变的15%处，在无明显破坏点时取15%。

2）三轴压缩试验

泥炭的三轴压缩试验遵循有效应力原理，测得的摩擦角为34°~48°，因此有人认为其抗剪强度源于黏聚力，但是应力应变曲线无明显峰值点。

3.老集高速公路可液化软基

K261+382-K261+782标段所处地貌单元为高原丘陵地段，该路基北部为一大冲沟，南部地势平缓为冲积层。其地层由三大层组成：上部为Q4松散软黏性土、粉土与粉细砂，厚1~10 m；中部和下部地层为Q3老黏性土，土体稳定、强度较高。

该段地基地下水位较高，汛期水位在原地面以下1.0 m左右，中细砂处于饱和状态，同时沿线地震烈度处于7~8度区，这就构成了砂土液化的基本条件。经对可液化土层在相应地震烈度下液化势的分析计算，根据相关要求，应采取适当的地基加固措施。

（三）老集高速公路软基处理技术

特殊地区的高速公路建设需要发展区别于一般地区的筑路技术。高原湿地地区气候、降水条件特殊，地形地貌和地质条件具有鲜明特色，因此，必须开展适应于这些特殊条件下的筑路技术研究。

结合老集高速公路地区软土路基段的现场试验，针对高原湿地的软基特点，采用碎石桩复合地基法处理高原湿地软基；针对粉土和粉细砂土可液化土层地基，采用强夯法进行

处理，并开展了相应的施工工艺和检测技术研究。

1. 湿地软基处理方案

鉴于湿地的特殊功用和在维护生态平衡中的作用，在改造湿地的过程中必须兼顾到湿地的保护，以达到在最低限度改变湿地生态环境的条件下利用和开发湿地。选择合适的软基处理方法，对湿地的保护具有重要意义。

碎石桩的施工不像换填法，排石挤淤或者爆破挤淤那样，需要排出大量淤泥，这样就最大限度地保护了湿地固有生态。同时，碎石桩施工除产生较大的噪声外，对比其他软基处理方法，并没有对环境产生额外的侵扰。

老集高速公路的建设在工程允许和投资许可的条件下，采取多项工程措施保护湿地的生态环境：

（1）为了保持湿地水的流通，维持公路两侧水分平衡，在碎石桩施工后填筑 50 cm 厚透水良好的沙砾垫层；

（2）每隔一定距离，在路堤下方专门为牲畜预留的涵洞，可使牲畜自由在路线两侧进食，而不必穿越公路等。

地基处理的效果能否达到预期的目的，首先依赖于地基处理方案选择得是否得当、各种加固参数设计得是否合理。地基处理方法虽然很多，但任何一种方法都不是万能的，都有其各自的使用范围和优缺点。一般来说，在选择确定地基处理方案以前应充分地综合考虑以下几个方面的因素：地质条件、结构物条件、环境条件、材料的供给情况、机械施工设备和机械条件、工程费用的高低、工期要求等。

根据高原湿地地区软土地基的特点和实际情况，为满足工后沉降要求和路基稳定，对湿地软基处理的各种方案的经济、技术进行了比较，最后选择碎石桩处理方案。理由如下。

1）老集高速公路软弱土地基地质情况为含细粒土砂、粉土质砂、黏土质砂，属粗粒土，试验数据显示，天然孔原比较小，具有较低压缩性，且粉质砂层下覆一定层厚、物理力学性质极差的泥炭土，因此本工程地基软弱土的特点是变形（沉降）较小，且沉降主要产生于泥炭夹层，强度较低，同时厚度较小，故采用复合地基处理软基，以提高地基承载力（强度），减少地基沉降。

2）本工程软弱土层大部分属砂性土，具有液化的可能性，采用碎石桩处理可提高地基的密实度，提高地基的抗液化能力。

3）本工程工期较短，预压时间难以满足排水预压要求，而采用碎石桩处理软基，可以迅速提高地基承载力，保证路基稳定性，降低工后沉降，从而加快施工进度。

4）本工程当地的沙砾料源紧缺，级配不良、含泥量大，且运距较远，成本较大，接近碎石桩造价；而碎石强度高、料源近、造价较低，且排水固结效果较好，复合地基强度和承载力均较高，工后沉降较小。

5）采用复合地基方案，可以减少等载或超载预压费用，从而降低造价。

6）从最大限度地保护湿地出发，碎石桩复合地基方案可以减少换填造成的环境污染，同时采取合理的措施也可减少对生态平衡的干扰和破坏。

碎石桩是岩土工程体系中对较深层软弱土地基采用置换和增强作用的处置措施，加固后的桩体和桩间土组成复合地基，可共同承担荷载的作用。碎石桩不仅能提高地基承载力、降低沉降量和加速地基排水固结，还能减少地震时地基液化的可能性。

2. 可液化软基处理方案

在软土地区、地段修筑高等级公路，关键技术是控制路堤的工后沉降以满足规范要求。在工程实践中，摸索、研究、应用了多种地基加固的技术和方法。这些方法，有些是以时间为代价的，有些则是以投入大量的资金为前提的。随着我国近年来高等级公路建设的蓬勃发展和全面兴建，很有必要寻找一种施工周期短、投资少、见效快、质量高的软弱地基加固技术。结合内蒙古老集高速公路的工程实践，对软土强夯法联合堆载预压加固软土地基的技术进行探索和分析，以期对可液化软土地区修筑高等级公路提供一些有益的经验。

强夯法又称动力固结法或动力压实法，是用80~400kN的锤（最重的达2000kN）起吊到10~40m高后自由下落对土体进行高强力夯实，给地基土以强大的冲击力和振动，从而达到提高土的强度、增大土的压实度、降低土的压缩度、改善土的抗液化条件、消除湿陷性黄土的湿陷性等目的。强夯法由于其加固效果好、设备简单、施工方便、工期短、工程造价低廉、适应土类广等特性在施工工程中得到广泛的应用。

处理可液化地基有碎石桩、强夯和反压护道等多种方法，传统的工艺做法是采用挤密碎石桩工艺，造价高而且施工周期长。液化砂土层在地表以下7~9 m，若不能消除液化，直接采用桩基，在地震作用下，整个桩长7~9 m处不能提供摩擦阻力，意味着有7~9 m的桩打入地下而不起作用，对工程的浪费是巨大的。采用传统的挤密碎石桩复合地基工艺，只能消除砂土液化，而对提高地基承载力的作用却不大，若要提高地基的承载力只能再打入灌注桩。若采用强夯法，消除地基液化的效果与挤密碎石桩的效果相当，甚至比其效果更好，而地基承载力也会大大提高，能够满足设计要求，并使工程造价大幅降低。

鉴于上述分析，同时根据老集线的具体施工条件及可液化软基的特性，设计采用强夯法施工进行可液化软基的处理。

强夯过程是一个复杂的过程。影响夯击效果的因素很多，如最佳夯击能、夯点的布置、两次夯击的时间间隔以及地基土本身的性质等，而大多数的强夯参数都与夯击过程及夯后土体内部孔隙水压力的发生、消散以及孔隙水的排出息息相关，因此，对夯击过程的孔隙水压力进行研究，就可以合理地获取大部分强夯参数的影响因素和设计方法。在现场试验的基础上，就强夯法处理可液化地基过程中的孔隙水压力进行监测，提出了在液化地基上进行强夯施工的最佳夯击能、两次夯击间歇时间和夯击遍数等强夯参数的设计方法，其结论可以为设计和施工提供参考。

采用强夯处理粉土和粉细砂土地基是老集高速公路软土地基处理的重点。为了达到有效又经济的目的，必须合理地选用各个强夯参数。为了验证设计所采用的强夯参数，也为了检验强夯加固效果，老集高速公路项目办、总监办及设计方和有关科研单位在强夯段开展了强夯试验研究工作。

二、软基处理技术机理分析

针对老集高速公路的软基工程特性，需要对处理方案的加固机理进行探究，深入分析碎石桩加固湿地软基及强夯法处理可液化软基的承载能力及变形特征，为加固措施的设计计算及施工工艺的发展提供理论依据。

1. 碎石桩复合地基特点

在软土中构筑比刚度较软土大得多的碎石桩，组成复合地基，使桩、土一起参与工作，共同承担其上的荷载。在基础的整体变形下，通过桩、土的变形协调，大部分荷载传递给刚度大、强度高的碎石桩体，土体上的荷载大为减小，故复合地基的工程性能明显改善，强度增大，沉降与不均匀沉降减小，而且由于碎石桩的排水作用，使得基础固结沉降期亦大为缩短。碎石桩不同于一般刚性较大的钢筋混凝土桩和钢桩，它具有以下特点。

（1）碎石桩沿轴向可以是变直径的，由于振冲器的输出功率是预定值，因此随地基土层不同所形成的桩径也随之不同。

（2）碎石桩的刚度比地基土大，比钢材和混凝土小，它在受力过程中可以适应较大的变形，与刚度较大的钢筋混凝土桩和钢桩相比，它是一种柔性桩。

（3）碎石桩的受力过程必须与其周围土体共同作用，就其本质而言，它仍是地基的一部分。

（4）碎石桩是嵌固在土体中的散粒体桩，但碎石桩顶部承受荷载后，桩体就会产生侧向膨胀，而周围土体会阻止其侧向膨胀，从而使得碎石桩的承载力受到其周围土体强度的制约。

（5）碎石桩的透水性较好，桩体一般有良好的排水作用，可加速软土地基的排水固结。

上述特点决定了碎石桩复合地基具有以下工程特性。

2. 碎石桩复合地基的工程特性

（1）承载能力显著提高。由于复合地基是由两种不同刚度的碎石和土体所组成的，当地基上部荷载传递到复合地基上时，应力会重新分布，从而导致部分压力向刚度较大的碎石桩体上集中，这种压力集中现象必将显著地提高地基的承载能力，减少其沉降量。

（2）沉降量明显减少。由于复合地基中有刚度比周围土体大得多的碎石桩桩体存在，碎石对土体的置换作用，使得复合地基的变形模量比天然地基的变形模量大大提高；同时，复合地基作为一个复合土层，相当于在软基上形成了一个硬壳层，这个硬壳层一样能起到压力扩散和均布荷载作用。值得一提的是，由于振冲碎石桩的桩径随着地基土强度的不同而不同，因此振冲制桩将原来不均匀的地基，通过制成的不同桩径，使强度不均匀的天然地基变成了强度比较均匀的复合地基，从而可减少地基的不均匀沉降。

（3）抗剪性能和排水效果提高。由于碎石桩本身的抗剪强度大于软土的抗剪强度，同时，软土与碎石桩合成的整体，其抗剪强度也有相当大的增加，从而使得复合地基的抗剪性能得以显著改善，这有利于提高地基的稳定。另外，由于碎石桩的透水性较好，因此振冲碎石桩复合地基的排水性能也得以改善，这为加速软土地基固结，减少地基的工后沉降提供了重要条件。

以上所述表明，振冲碎石桩是一种多快好省加固软土地基的方法。与预制混凝土桩相比，碎石桩不需钢筋、水泥和木材，施工简单，造价低廉；与砂井和其他排水固结法相比，碎石桩不需预压，加固周期短。该方法历经半个世纪的发展，积累了丰富的工程实践经验，设计施工和质量控制技术日臻成熟，值得大力推广和应用。

3. 碎石桩加固黏性土地基机理

黏性土结构为蜂窝状或絮状结构，颗粒之间的分子吸引力较强，孔隙很大，渗透系数很小，一般小于 10^{-4} cm/s。对于非饱和的黏性土地基，碎石桩能产生一定的挤密作用。但对于饱和黏性土地基，由于沉管成桩过程中的挤压和振动等强烈的扰动，使得黏粒之间的结合力以及黏粒、离子、水分子所组成的平衡体系受到破坏，孔隙水压力急剧升高，土的强度降低，压缩性增大。在碎石桩施工结束后，在上覆土压力的作用下，通过碎石桩良好的排水作用，桩间黏性土发生排水固结，同时由于黏性、离子、水分子之间重新形成新的稳定平衡体系，使土的结构强度得以恢复。

（1）置换作用

对黏性土地基（特别是饱和软土），碎石桩的作用不是使地基挤密，而是地基土置换，即以性能良好的碎石来替换不良地基土。碎石桩在软弱黏性土中成桩以后，形成了一定桩径、桩长和间距的桩和桩间土共同组成的复合地基，由密实的碎石桩桩体取代了与桩体体积相同的软弱土，因为碎石桩的强度和抗变形性能等均优于周围土体，所以形成的承载力就比原天然地基的承载力大，沉降量也比天然地基小，从而提高地基的整体稳定性和抗破坏能力。在外部荷载作用下，由于复合地基中桩体的变形模量和强度较大，基础传给地基的附加应力会随着桩和桩间土发生等量的变形而逐渐集中到桩体上，使桩承担大部分的应力，而土所负担的应力则相对减小。其结果，与天然地基相比，复合地基的承载力得到了提高，沉降量也有所减小。由于碎石桩桩体材料较松散，要依赖桩间土的侧向约束力使桩传递垂直荷载。桩体的模量较低，当桩长超过一定限度时，即使桩下端接触相对硬层，应力向桩的集中程度并不比桩下端不接触相对硬层时大，桩的端承作用也很小，承载力提高不大。复合地基与天然地基相比，地基承载力增大率与沉降量的减小率均和置换率成正比关系。置换率大时，复合地基的作用主要起垫层的应力扩散和均布作用，从而提高地基承载力，减小沉降量。

（2）排水作用

水是影响黏性土性质的主要因素之一，黏性土地基性质的改善很大程度上取决于其含水量的减小。因此，在饱和黏性土地基中碎石桩桩体的排水通道作用是碎石桩法处理饱和软弱黏性土地基的主要作用之一，比之在碎石地基中的排水作用显著。由于碎石桩缩短了排水距离,从而可以加快地基的固结沉降速率。

(3)加筋作用

对于浅层软弱土层,碎石挤密桩可贯穿整个软弱土层,深到相对硬层,此时桩体在荷载作用下主要起应力集中作用,从而使软土负担的压力相对减少,结果与原天然地基相比,复合地基的承载力提高、压缩性减少。如果软弱土层较厚,则桩体可不贯穿整个软弱土层,此时加固的复合土层起垫层的作用,垫层将荷载扩散使应力分布均匀。

碎石桩作为复合地基的加固作用,除了提高地基承载力、减少地基的沉降量外,还可用来提高土体的抗剪强度,增强土体的抗滑稳定性。

三、强夯法的加固机理

1. 强夯技术的特点

强夯法自发明以来得到迅速的发展,具有以下特点。

(1)适用于各类土层。可用于加固砂性土、一般黏性土、人工填土等地基,特别适宜加固一般处理方法难以加固的大块碎石类土以及建筑、生活垃圾或工业废料组成的杂填土,结合其他技术措施可用于加固软土地基。

(2)应用范围广泛。可应用于工业厂房、民用建筑、设备基础、油罐、堆场、公路、铁道、桥梁、机场、港口码头等工程的地基加固。

(3)加固效果显著。地基经强夯处理后,可以明显地提高地基承载力和压缩模量,增加干重度,减少孔隙比,降低压缩系数,增加场地均匀性,消除湿陷性、膨胀性,防止振动液化。

(4)有效加固深度加大。8 000 kN·m 高能级单层强夯处理深度达到 12 m,多层强夯处理深度可达 24~54 m。一般能量强夯处理深度在 6~8 m。

(5)施工机具简单。强夯机具主要是履带式起重机。当起吊能力有限时可以辅以龙门式起落架或其他设备,加上自动脱钩装置。当机械设备施工困难时,还可以因地制宜地采用打桩机、桅杆等简易设备。

(6)节省材料。一般强夯处理是将原状土施加夯击能量,无须添加其他建筑材料,从而节约了建筑材料的购置、运输、打入地下的施工费用,大大缩短了施工周期。当有特殊要求时,可辅以砂井、挤密碎石工艺配合强夯施工,其加固效果比单一工艺高出许多,材料也比单一砂井、挤密碎石方案要少,费用亦低。

(7)节省工程造价。由于强夯工艺无须建筑材料,节省了建筑材料的购置、运输、制作、打入费用,除消耗少量油料外,没有其他消耗,因此工艺造价低廉。

(8)施工快捷。只要工艺适合,强夯工艺无须建筑材料的制作,其施工周期最短,特别是对粗颗粒非饱和土的强夯,周期更短,与挤密碎石桩、分层碾压、灌注桩方案相比更为快捷,因此间接经济效益更为显著。

2. 强夯机理

（1）强夯冲击引起的波动理论

在土体中，强夯冲击引起的振动是以振动波的形式在地下传播的。这种振动波可以分成体波和面波两大类。体波包括压缩波和剪切波，可以在土体内部传播；面波如瑞利波，只能在地表土层中传播。根据波的传播特性，瑞利波携带大约三分之二的能量，以夯坑为中心沿地表向四周传播，使周围介质产生振动，对地基压密没有效果；而其余的能量则由剪切波和压缩波携带向地下传播，当这部分能量释放在需要加固的土层上时，土体就得到了加固。

地基土一般为不均匀的层状结构，土体中的孔隙为空气、水或其他液体所填充。当波在成层地基中传播遇到一个弹性介质和另一个弹性介质的分界面时，入射波能量的部分将反射回先前的弹性介质中，另一部分能量则传播到第二种介质中。当反射波回到地表又被重锤挡住再次被反射入土体，遇到分界面后又一次反射回地面，因此在一个很短的时间内，波被多次反射，这就意味着夯击能量的不断损失。这正是在相同夯击能作用下，单一均质土层的加固效果要好于多层非均质土的原因。另外，反射回来的波能则使地表土层变松。这也是强夯中局部地表隆起的原因。夯实的结果是在地基中波的变化沿深度方向形成性质不同的三个作用区：地基表面受到面波作用形成松动区；在松动区下的某一深度范围内，土体受到压缩波的作用，使土层产生沉降和压密，形成加固区；在加固区下面，冲击波已衰减，不能使土体产生塑性变形，对地基不起加固作用，形成弹性区。

（2）强夯法加固地基的作用机理

各种工程中的许多经验表明，该法在将土夯实方面作用效果显著，而且强夯后土体力学性质得到了很好的改善。但是，在推广强夯法中，对其加固机理的研究一直没有完善，尽管国内外众多学者从不同的角度进行了大量的研究，但看法仍未统一。然而这些结论却可以相互补充，形成系统的解释。目前对强夯法加固地基的机理研究，主要在加固原理与作用方面，其可以分为动力密实、动力固结和动力置换三种，它们的共同特点是，破坏土的天然结构，达到新的稳定状态。

1）动力密实机理

在非饱和土，特别是孔隙多、颗粒粗大的土中，高能量的夯击对土的作用不同于机械碾压、振动压实和重锤夯实。巨大的夯击能量产生的冲击波和动应力在土中传播，使颗粒破碎或使颗粒产生瞬间的相对运动，从而把孔隙中的气泡迅速排出或压缩，孔隙体积减小，形成较密实的结构。因此，采用强夯法加固非饱和土是基于动力密实机理的概念，即用冲击型动力荷载，使土体中的孔隙体积减小，土体变得更为密实，从而提高土体的强度。

土体是由三相组成的。在土体形成的漫长历史年代中，由于各种非常复杂的风化过程，各种土颗粒的表面通常都包裹着一层矿物和有机物的多种新化合物或胶体物质的凝胶，使土颗粒形成一定大小的团粒，这种团粒具有相对的水稳定性和一定的强度。土颗粒周围的孔隙被空气和液体（如水）所充填，在压缩波能的作用下，土颗粒互相靠拢，因为气相的压缩性远远大于固相和液相的压缩性，所以气体部分首先被排出，颗粒进行重新排列，由天然的紊乱状态进入稳定状态，孔隙大大减小。就是这种体积变化和塑性变化使土体在外荷载作用下达到新的稳定状态。同时，在波动能量的作用下，土颗粒和其间的液体也受力而产生变形，但是这些变形相对于土体颗粒间的移动以及孔隙的减少来说是很小的，也就是说，非饱和土的夯实变形主要是由于土颗粒的相对位移而引起的。故非饱和土的夯实加固过程就是土中气相被挤出的过程。实际工程表明，在冲击动能作用下，地面立即产生沉降，一般夯击一遍后，夯坑深度可达 0.6~1.3 m，夯坑底部形成一层超压密硬壳层，承载力比夯前提高 2~3 倍以上。在中等夯击能量 1 000~3000 kN·m 的作用下，主要产生冲切变形。加固范围内的气体体积将大大减小，从而使非饱和土变成饱和土，或者使土体的饱和度提高。

2）动力固结机理

强夯法处理饱和黏性土时，巨大的冲击能量在土中产生很大的应力波，破坏土体原有的结构，使土体局部发生液化，产生许多裂隙，增加排水通道，使孔隙水顺利逸出，待超孔隙水压力消散后，土体固结。由于软土的触变性，强度得以提高，这就是动力固结机理。

传统的固结理论认为：饱和软土在快速加荷条件下，由于孔隙水无法瞬时排出，所以是不可压缩的，因此用一个充满不可压缩液体的圆筒、一个用弹簧支撑的活塞和供排出孔隙水的小孔组成的模型来表示，即太沙基模型。L.梅纳则根据饱和土在强夯后瞬时能产生数十厘米的压缩量这一事实对太沙基模型进行了修正，提出了新的模型，即梅纳模型。两个模型的主要区别见表 3-3。

表 3-3　太沙基模型和梅纳模型的区别

模型	太沙基模型	梅纳模型
活塞	无摩擦	有摩擦
液体	不可压缩	可以压缩
弹簧	均质	非均质
孔眼	直径固定，受压液体排出通道	直径可变，受压液体排出通道

根据梅纳提出的模型，饱和土强夯加固机理可以描述为：在强夯过程中，根据土体中的孔隙水压力、动应力和应变关系，可以把加固区内波对土体的作用分为三个阶段。

①加载阶段。在夯击的瞬间，巨大的冲击波使地基土产生强烈振动和动应力。在波动影响带内，动应力往往大于孔隙水压力，有效动应力使土产生塑性变形，破坏土的结构。对砂土，迫使土的颗粒重新排列而密实；对饱和土是动力夯实；对细颗粒土，法国 Menard 教授认为，1%~4% 的气体（以气泡形式存在）体积压缩的同时，由于土体中的水和土颗粒的两种介质引起不同的振动效应，两者的动应力差大于土颗粒的吸附能时，土颗粒周围的部分结合水从颗粒间析出，产生动力水聚结，形成排水通道，制造动力排水条件。

②卸荷阶段。夯击能卸去后，总的动应力瞬间即逝，而土中孔隙水压力仍保持较高的水平，此时孔隙水压力大于有效应力，将引起砂土、粉土的液化。在黏性土中，当孔隙水压力大于主应力、静止侧压力及土的抗拉强度之和时，即土中存在较大的负有效应力时，土体开裂、渗透系数骤增，形成良好的排水通道。从宏观上看，在夯击点周围产生垂直破

裂面，夯坑周围出现冒气、冒水现象，孔隙水压力随之迅速下降。

③动力固结阶段。在卸荷之后，土体中保持一定的孔隙水压力，土体即在此压力下排水固结。在砂土中，孔隙水压力在 3~5 min 内消散，使砂土进一步密实。在黏性土中，孔隙水压力的消散可能要延续 2~4 周。如果有条件排水，土颗粒将进一步靠近，形成新的结合水膜和结构连接，土的强度恢复和提高，从而达到加固地基的目的。如果在加荷和卸载阶段形成的最大孔隙水压力不能使土体开裂，也不能使土颗粒的水膜和毛细水析出，动荷载卸去后，孔隙水未能迅速排出，则孔隙水压力很大，土的结构被扰动破坏，又没有条件排水固结，土颗粒间的触变恢复又较慢，在这种条件下，不但不能使黏性土加固，反而使土层扰动，降低了地基土的抗剪强度，增大了土的压缩性，而形成橡皮土。因此，对饱和黏性土进行强夯，应根据波在土中传播的特性，按地质土的性质选择适当的强夯能量，同时又要注意设置排水条件和触变恢复条件，这样才能使强夯法获得良好的加固效果。施工前，须进行试夯，探讨其规律，选择强夯能量和方法，检查能否产生动力排水固结和触变恢复。

对透水性极低的饱和软土，强夯使土的结构破坏，但难以使孔隙水压力迅速消散，夯坑周围土体隆起，土的体积无明显减小，因而这种土的强夯效果不佳，甚至会形成橡皮土。单击能量大小和土的透水性高低，可能是影响饱和软土强夯加固效果的主要因素。有人认为，可在土中设置袋装砂井等来改善土的透水性，然后进行强夯。此时加固机理类似于动力固结，也可以采用动力置换。动力置换分为整式置换和桩式置换。前者是采用强夯法将碎石整体挤淤，其作用机理类似于换土垫层；后者是通过强夯将碎石填筑土体中，形成桩式（或墩式）的碎石墩（或桩），其作用机理类似碎石桩，主要靠碎石内摩擦角和墩间土的侧限来维持桩体平衡，并与墩间土共同作用。对橡皮土也可如此。

3）动力置换机理

强夯加固淤泥为动力置换机理，即强夯将碎石整体挤入淤泥成整体式置换或间隔夯入淤泥成桩式碎石墩。这是较晚总结的一种机理。众多的工程实践表明，对高饱和度、低透水性的黏性土，仅靠强夯动力挤密作用，其加固效果是十分有限的。因此，逐渐发展了一种利用传统强夯的施工设备，以夯坑中填充粗粒材料产生置换作用为主加固机理的新的强夯工艺，该法一般被称作强夯置换。

3. 强夯法加固地基的时效特征

灵敏度较高的黏土的触变现象是众所周知的，实际上，所有细颗粒的土都有触变现象，仅仅是程度不同而已。强夯后，土的结构被破坏，强度几乎降为零，随着孔隙水压力的消散，土的抗剪强度和变形模量都有很大的提高。这是由于土颗粒间紧密接触以及新的结合水膜逐渐固定造成的。即使在一般孔隙水压力完全消散后，土的抗剪强度也会提高。资料表明，夯后 6 个月测得的土的抗剪强度比夯后 1 个月增长 20%~30%，变形模量增长 30%~50%，因此，结合水固定的过程可能会延续几个月。而在此触变恢复期间，土的变形（沉降）却是很小。由于强夯的时间效应，质量检验应在夯后 1 个月后进行，否则得出的指标会偏小。

第四章 桥梁的总体规划和设计

在现在的桥梁建设当中，我们或多或少地会被传统的思想观念所影响束缚，也就没有对桥梁的安全性以及使用时间的长久的问题进行考虑，而且有关单位也没有确定使用时间的长短会导致事故的不断发生。因此在对其进行施工时我们还需要在考虑桥梁美观的同时考虑桥是否能够进行维护，考虑桥在检查之后是否耐久、是否安全，以此来保证人民的生命财产安全。基于此，本章主要对桥梁的规划与设计展开讲述。

第一节 桥梁设计的基本原则与程序

一、桥梁设计的基本原则

桥梁是公路、铁路和城市道路的重要组成部分，特别是大、中桥梁的建设对当地政治、经济、国防等都具有重要意义。因此，桥梁工程的设计应符合安全可靠、适用耐久、环境保护、经济合理以及美观的要求。桥梁设计应遵循的各项原则分述如下。

1. 安全可靠

（1）所设计的桥梁结构在强度和稳定方面应有足够的安全储备。

（2）防撞栏杆应具有足够的高度和强度，人与车流之间应做好防护栏，防止车辆撞入人行道或撞坏栏杆而落到桥下。

（3）对于交通繁忙的桥梁，应设计好照明设施，并有明确的交通标志，两端引桥坡度不宜太陡，以避免发生车辆碰撞等引起的车祸。

（4）对于修建在地震区的桥梁，应按抗震要求采取防震措施；对于河床易变迁的河道，应设计好导流设施，防止桥梁基础底部被过度冲刷；对于通行大吨位船舶的河道，除按规定加大桥孔跨径外，必要时还需设置防撞构筑物等。

2. 适用耐久

（1）应保证桥梁在 100 年的设计基准期内正常使用。

（2）桥面宽度能满足当前以及今后规划年限内的交通流量（包括行人通行）。

（3）桥梁结构在通过设计荷载时不出现过大的变形和过宽的裂缝。

（4）应考虑不同的环境类别对桥梁耐久性的影响，在选择材料、保护层厚度、阻锈等方面满足耐久性的要求。

（5）桥跨结构的下面要有利于泄洪、通航（跨河桥）或车辆和行人的通行（旱桥）。

（6）桥梁的两端方便车辆的进入和疏散，不致产生交通堵塞现象等。

（7）考虑综合利用，方便各种管线（水、电气、通信等）的搭载。

3. 环境保护

桥梁设计必须考虑环境保护的要求，包括生态、水、空气、噪声等几方面，应从桥位选择桥跨布置、基础方案、墩身外形、上部结构施工方法、施工组织设计等多方面考虑环境要求，采取必要的工程控制措施，并建立环境监测保护体系，将不利影响减至最小。

桥梁施工完成后，将两头植被恢复或进一步美化桥梁周边的景观，亦属环境保护的内容。

4. 经济合理

（1）桥梁设计应遵循因地制宜、就地取材和方便施工的原则。

（2）经济的桥型应该是造价和使用年限内养护费用综合最省的桥型，设计中应充分考虑维修的方便和维修费用少，维修时尽可能不中断交通，或使中断交通的时间最短。

（3）所选择的桥位应是地质、水文条件好的河段，桥梁长度要较短。

（4）桥位应考虑选择在能缩短河道两岸的运距、促进该地区的经济发展、产生最大的效益的位置，对于过桥收费的桥梁应能吸引更多的车辆通过，达到尽快回收投资的目的。

5. 美观

一座桥梁应具有优美的外形，而且这种外形从任何角度看都应该是优美的，结构布置必须精练，并在空间上有和谐的比例。桥型应与周围环境相协调，城市桥梁和游览地区的桥梁，可较多地考虑建筑艺术上的要求。合理的结构布局和轮廓是美观的主要因素，结构细部的美学处理也十分重要。另外，施工质量对桥梁美观也有重大影响。

二、桥梁设计的程序

一座桥梁的规划设计所涉及的因素很多，特别是工程比较复杂的大、中桥梁是一个综合性的系统工程。设计的合理性，将直接影响区域的政治、经济、文化以及人们的生活，因此必须建立一套严格的管理体制和有序的工作程序。在我国，基本建设程序分为前期工作阶段和正式设计工作阶段。前者又分为工程预可行性研究（简称"预可"）报告阶段和工程可行性研究（简称"工可"）报告阶段，后者则又分成初步设计、技术设计和施工图设计三个阶段。现分别介绍它们的主要内容及要求。

1. "预可"阶段

"预可"阶段着重研究建桥的必要性以及宏观经济上的合理性。

在"预可"阶段研究形成的"工程预可行性研究报告书"（简称"预可报告"）中，应从经济、政治、国防等方面，详细阐明建桥理由和工程建设的必要性和重要性，同时初步探讨技术上的可行性。对于区域性线路上的桥梁，应以建桥地点（渡口等）的车流量调查（计入国民经济逐年增长）为立论依据。"预可"阶段的主要工作目标是解决建设项目的上报立项问题，因而，在"预可报告"中，应编制几个可能的桥型方案，并对工程造价、资金来源、投资回报等问题应有初步估算和设想。设计方将"预可报告"交业主后，由业主据此编制"项目建议书"报主管上级审批。

2. "工可"阶段

在"项目建议书"被审批确认后，着手"工可"阶段的工作。在这一阶段，着重研究和制定桥梁的技术标准，包括设计荷载标准、桥面宽度、通航标准、设计车速、桥面纵坡、桥面平、纵曲线半径等，并应与河道、航运、规划等部门共同研究、以共同协商确定相关的技术标准。在"工可"阶段，应提出多个桥型方案，并按《公路工程基本建设项目投资估算编制办法》（JTG M20—2011）估算造价，资金来源和投资回报等问题应基本落实。

3. 初步设计

初步设计应根据批复的可行性研究报告、测设合同和初测、初勘或定测、详勘资料编制。

初步设计的目的是确定设计方案，确定设计方案应通过多个桥型方案的比选，推荐最优方案，报上级审批。在编制各个桥型方案时，应提供平、纵、横布置图，标明主要尺寸，并估算工程数量和主要材料数量，提出施工方案的意见、编制设计概算、提供文字说明和图表资料，初步设计经批复后，是施工准备及编制施工图设计文件和控制建设项目投资等的依据。

4. 技术设计

对于技术上复杂的特大桥、互通式立交或新型桥梁结构，需进行技术设计。

技术设计应根据初步设计批复意见、测设合同的要求，对重大、复杂的技术问题通过科学试验专题研究，加深勘探调查及分析比较，进一步完善批复的桥型方案的总体和细部各种技术问题以及施工方案，并修正工程概算。

5. 施工图设计

两阶段（或三阶段）施工图设计应根据初步设计（或技术设计）批复意见、测设合同，进一步对所审定的修建原则、设计方案、技术决定加以具体和深化。在此阶段中，必须对桥梁各种构件进行详细的结构计算，并且确保强度、稳定、刚度、裂缝、构造等各种技术指标满足规范要求，绘制出施工详图，提出文字说明及施工组织计划，并编制施工图预算。

国内一般的（常规的）桥梁采用两阶段设计，即初步设计和施工图设计；对于技术简单、方案明确的小桥，也可采用一阶段设计，即施工图设计。

第二节 桥梁的纵、横断面设计和平面布置

一、桥梁的平面设计

小桥和涵洞的位置和线形一般应符合线路的总走向，为满足线路的要求，可设计斜交桥或弯桥，对于公路上的特大桥、大桥、中桥的桥位，原则上应符合线路的走向，桥路综合考虑，尽量选择在河道顺直、水流稳定、地质良好的河段上。桥梁的平曲线半径、平曲线超高和加宽、缓和曲线、变速车道设置等，均应满足相应等级线路的规定。桥梁的线形及桥头引道要保持平顺，使车辆能顺利地通过。小桥涵的线形及其与公路的衔接，可按线路的要求布置。大、中桥梁的线形一般为直线。当桥面受到两岸地形限制，允许修建曲线桥时，曲线的各项指标应符合线路的要求；若允许修建斜桥则其交角（桥墩沿水流方向的轴线与河道主流方向间的夹角）一般不大于45°，通航河流上不宜大于5°。

二、桥梁的纵断面设计

桥梁纵断面设计包括桥梁的总跨径、桥梁的分孔、桥道的高程与桥下净空、桥上和桥头引道的纵坡以及基础的埋置深度等。

1. 桥梁总跨径的确定

对于一般跨河桥梁，总跨径一般根据水文计算来确定。由于桥梁墩台和桥头路堤压缩了河床，桥下过水断面减小，流速加大，引起河床冲刷。因此，桥梁的总跨径必须保证桥下有足够的排洪面积，使河床不致遭受过大的冲刷。

在某些情况下，为了降低工程造价，可以在不超过允许的桥前壅水和相关规范规定的允许最大冲刷系数的条件下，适当增大桥下冲刷，以缩短总跨径。由此可见，桥梁的总跨径应根据具体情况经过全面分析后加以确定。例如，对于深埋基础，一般允许稍大一点的冲刷，使总跨径能适当减小；对于平原区稳定的宽滩河段，流量较小，漂流物也少，主河槽较大，这时，可以对河滩的浅水流区段做较大的压缩，但必须慎重校核，压缩后桥梁的壅水不得危及河滩路堤以及附近的农田和建筑物。

2. 桥梁的分孔

对于一座较长的桥梁，应当分成若干孔，但孔径划分的大小、有几个河中桥墩、哪些是通航孔、哪些不是通航孔，这些问题要根据通航要求、地形和地质情况、水文情况以及技术经济和美观等条件来加以确定。

桥梁的分孔关系桥梁的造价。跨径和孔数不同时，上部结构和墩台的总造价是不同的。

跨径越大，孔数越少，上部结构的造价就越大，而墩台的造价就越小。通常，应采用最经济的分孔方式，即使得上下部结构的总造价最低。因此，当桥墩较高或地质不良，基础工程较复杂而造价较高时，桥梁跨径就选得大一些；反之，当桥墩较矮或地基较好时，跨径就可选得小一些。在实际工作中，应对不同的跨径布置进行粗略的方案比较，来选择最经济的跨径和孔数。

（1）对于通航河流，在分孔时首先应满足桥下的通航要求。桥梁的通航孔应布置在航行最方便的河域。对于变迁性河流，考虑航道可能发生变化，应多设几个通航孔。

（2）对于平原区宽阔河流上的桥梁，通常在主河槽部分按需要布置较大的通航孔，而在两侧浅滩部分按经济跨径进行分孔。如果经济跨径较通航要求还大，则通航孔也应取较大跨径。

（3）在山区深谷上、水深流急的江河上，或水库上修桥时，为了减少中间桥墩数量，应加大跨径。如果条件允许，甚至可以采用特大跨径的单孔跨越。

（4）对于河流中存在的不利地质段，如岩石破碎带、裂隙、溶洞等，在布孔时要将桥基位置移开，或适当加大跨径。

（5）在有些体系中，为使结构受力合理和用材经济，分跨布置时要考虑合理的跨径比例。例如，为了使钢筋混凝土连续梁桥的中跨和相邻边跨的跨中最大弯矩接近，其中跨和相邻边跨的跨径比值，对于三跨连续梁约为1：0.8，对于五跨连续梁约为1：0.9：0.65。

（6）跨径的选择也与所采用的施工方法密切相关，如同样是预应力混凝土连续桥梁，采用支架施工和采用悬臂施工，其边跨与中跨的比例就不相同。采用支架施工法，边跨长度取中跨的80%左右是经济合理的；采用悬臂施工法，考虑一部分边跨采用悬臂施工外，剩余的边跨部分还需另搭脚手架施工，为使脚手架长度最短，边跨长度取中跨长度的65%为宜。

（7）跨径的选择还与施工能力有关，有时选用较大跨径虽然在经济上是合理的，但是，如果限于现有的施工技术能力和设备条件，也只能将跨径减小。对于大桥施工，基础工程往往对工期起控制作用，在此情况下，从缩短工期出发，就应减少基础数量而修建较大跨径的桥梁。

总之，对于大中型桥梁来说，分孔问题是设计中最基本、最复杂的问题，只有进行深入、全面的分析，才能做出比较完美的施工方案。

三、桥梁设计标准化

在进行桥梁工程设计过程中，设计人员需要结合当地的自然条件和桥梁工程等资料进行全面的认证研究，运用最先进的成果和理论，体现设计者独特的理解，对设计目标上进行总体的把握，提升设计的针对性和有效性。随着社会经济的快速发展，建造桥梁规模越来越大，系统更加的复杂，具有越来越多样的功能，需要巨大的投资，对施工技术水平要求比较高，对环境产生极为严重的影响，大大增加了灾害发生的概率，需要投入巨大的人力、物力和财力进行全面的维护。因此，在桥梁设计过程中，要保证桥梁结构的耐久性，提升防灾性，设计人员要充分估计到灾害出现的程度；设计人员要坚持抵御各种灾害设计的原则，构建完善的永久设计方案，保证桥梁工程的质量。在本节中，主要介绍了国内外桥梁结构的先进理念，主要包括桥梁抗风、桥梁抗震以及桥梁防船撞以及桥梁耐久性的理念，从而为我国桥梁工程结构设计提供借鉴和帮助。

（一）桥梁抗风设计

对大跨和柔性的桥梁结构，设计人员不仅要做好静力设计分析，还要做好桥梁的防风设计，在通常情况下，大跨径桥梁抗风性能设计主要包括风洞试验和数值模拟等环节。下面就如何做好桥梁的抗风设计展开论述。

1. 桥梁抗风分析

风属于地球上的一种自然现象，当风吹的力量达到一定程度以后就会对桥梁的稳定性产生非常明显的影响。1940年，美国华盛顿州的大跨度悬索桥塔科马大桥在建成只有4个月以后，受到8级大风的影响，产生了剧烈的振动，导致倒塌。根据事故调查的结果，人们逐渐认识到风荷载动力的影响，桥梁抗风设计理论得到了前所未有的发展，形成了相对完善的桥梁抗风设计规范和原则。

（1）风的特性

地球的周围，被一层厚度可达1000千米的大气所覆盖，太阳辐射，水陆分布以及地球自转的影响，导致地表温度不均匀。从而使得大气中的空气分布不均匀，形成竖向对流和水平流动。当空气变冷之后，质量会加重，产生下沉现象。当空气变热以后，重量减轻，就会上升，空气的流动从而产生了风。

（2）风产生的灾害

风灾具有普遍性，是地球上比较严重的灾害，风灾过后会导致巨大的人员伤亡和财产损失，影响着人们的正常生产生活。风灾发生频率很高，可以导致非常严重的次生灾害，并且持续的时间很长。根据大量统计的结果，与其他灾害相比，风灾发生的次数、导致死亡人员、造成经济损失都是最多的。

（3）抗风的原则

在风吹动过程中，遇到障碍物时，能够把一部分的动能转化为作为这个障碍物的外力，被称为风荷载。当风遇到钝体截面的桥梁结构时，就会形成涡旋和流动的分离，从而产生十分复杂的空气作用力。当桥梁结构的跨度超过200米以上时，在风的作用下，就会产生静力和动力两种特性。

在风的动力作用下，导致桥梁风致振动，在这种情况下，就会反过来影响空气流动，从而形成风与结构的相互影响。如果空气力受结构振动影响较少，空气作用力就会产生一种强迫力，导致桥梁结构出现有限的振幅强迫振动。如果空气力受到结构振动影响较大，受震动结构反制约空气作用力,从而导致桥梁结构产生发散性的振动。根据我国相关要求,在进行抗风设计过程中,要满足以下规范要求:第一,在桥梁设计使用时间内,在最大风速的条件下,整个桥梁结构不能出现毁坏性的发散性振动。第二,在设计风荷载等共同作用下,要保证整个桥梁的刚度和强度,要避免出现静力失稳的问题。第三,对结构非破坏性风致振动的振幅避免影响到行车安全,保证行车的舒适度。第四,在设计过程中,要通过气动措施、结构措施以及机械措施等提升桥梁结构整体的抗风能力。

2.静风荷载

(1)主梁和拱肋

在主梁和拱肋设计过程中,截面形式和结构设计对静风荷载产生了非常明显的影响。根据实际设计的情况,桥梁的截面形式越接近流线型,就会产生越小的静风荷载,反之则就会越大。在桥梁使用过程中,静风荷载结构尺寸主要包括主梁的高度和宽度,其中宽高比越大,则静风荷载就会越小,反之则静风荷载就会越大。

对拱桥而言,包括两片或者两片以上的拱肋,对作用拱肋上的静风荷载在通常情况下,可以忽略升力矩分量,剩余的阻力分量和升力分量主要取决于最外侧拱肋和高度的外轮廓形状,并且就整座桥而言,不同位置的拱肋受到的阻力和升力也是不同的。因此,为了有效的减少静风荷载,主要采用提高外侧拱肋的外轮廓宽高比,或者实现桥梁截面的流线化,以保证桥梁结构的稳定性和安全性。

(2)桥墩和桥塔

在通常情况下,桥梁的桥墩和桥塔主要采用竖直构件,风产生的力量会沿着高度方向截面变化。与此同时,由于竖直构件截面长宽比与主梁相比非常小,因此,可以忽略升力和升力矩分量,在设计过程中,要重点考虑阻力分量。由于桥墩和桥塔几何形状不同,产生的静风阻力系数也就会不同。

随着桥墩和桥塔高度不断增加,就会大大增加桥梁的静风荷载,为了保证桥梁的稳定性,设计人员要考虑墩柱或者塔柱的外形和静风荷载。

(3)主缆和拉索

在悬索桥中,主要施工主缆和吊索,主缆是流线型的圆截面,但仍然会受到静风荷载的影响。随着社会经济的发展,当前大跨度悬索桥主缆主要包括钢丝束股,然后再根据若干束股编成一根主缆,在通常情况下,钢股丝数主要有61、91、127等,从而组成相对稳定的正六边形,极大地便利了施工,可以有效减少束股之间的孔隙率,从而减少主缆截面外径。

在斜拉桥设计过程中,主要采用钢索,钢索主要由高强度钢筋、钢丝以及钢绞线组成。对大跨度斜拉桥而言,主要包括平行钢丝锁和钢绞线两种形式,由于平行钢丝锁孔隙率比较小,那么在相同强度下的外径就会比较小,而相对阻力也会比较小,反之,则会变大。

3.风速振动设计

对桥梁而言,桥型、跨径以及施工材料的不同,就会产生不同形式的风致振动。对大跨度斜拉桥而言，在风的作用下，会产生迟振、颤振以及抖振等风致振动。因此，在桥梁设计过程中，设计人员要不断提升桥梁的抗风性能，最大限度地降低风致振动。

（1）主梁的颤振和迟振

颤振，简单地说，就是桥梁产生一种破坏性的纯扭转或者弯曲的自激的振动，当风速达到临界风速时，振动就会在气流的反作用下不断吸收能量来克服结构中自身的阻尼，从而大大增加振幅，导致桥梁结构出现破坏。而迟振就是破坏性横风向弯曲的发散自激振动，出现这种现象主要由于升力曲线的负斜率引起的。在通常情况下，桥梁颤振稳定性标准主要是颤振检验风速是否达到临界的风速。根据规定，颤振临界风速估算公式能够有助于设计人员分析颤振临界风速的主要因素。

根据颤振临界风速估算公式，在通常情况下，影响临界风速的主要原因包括主梁的截面形状、功角效应系数、主梁等因素。其中对阻尼比较大和流线型比较好的截面，颤振临界风速比较高。-3°或者+3°攻角的颤振临界风速低于0°攻角。在设计过程中，设计人员增加主梁等效质量或者间距，能够提升颤振的临界风速；另外，还可以提升桥梁扭转基频。

（2）主梁或者拱肋涡振

当风经过钝截面的桥梁结构过程中，就会产生流动分离或者再附形式旋涡的脱落，从而出现交替变化的涡激力，当旋涡脱落频率接近结构的某阶的自振频率时，就会出现结构动力失稳破坏的情况。当涡激振动频率接近桥梁结构的固有频率时，就会产生较大幅度的振幅，出现涡激共振的情况。

在实际评价过程中，涡激共振主要包括三个方面的评价指标，具体包括以下几个方面：第一，如果涡振锁定风速小于设计基准风速，设计人员要结合实际情况分析涡振问题，对于大跨度的缆索承重桥梁，涡振锁定风速在5米每秒到20米每秒之间。第二，我国主要以节段模型风洞试验为准则，为了保证桥梁的稳定性，要保证最大振幅小于允许值的范围。第三，涡振发展频度与经济性指标相关，从理论层面来讲，涡振锁定风速如果小于设计的基准风速，并且涡振最大振幅大于允许值，在实际过程中，要采用涡振控制措施。就目前而言，根据现场实验和测量有不同程度涡振的桥梁主要有香港的昂船洲桥斜拉桥和上海的卢浦大桥拱桥等。

（3）拉索风雨激振

斜拉桥长拉索在风雨交加的条件下，会产生较大幅度的振动，也称为拉索风雨激振，主要原因是形成了上雨线或者下雨线，以及上下雨线。根据最新的研究成果，影响拉索风雨激振的原因是多方面的。第一，整个拉索的空间状态，通常主要采用倾角和偏角来标示，在不同倾角的振幅会产生不同的差别。第二，拉索的结合尺寸主要包括直径和长度，根据风洞试验的结果，在直径80厘米以上和200米以上长度的拉索都有可能出现风雨激振。第三，对风雨激振的条件来说，主要可以采用风速和雨强来表示。根据实际试验的结果表明，5m/s到15m/s的风速等因素都会引起拉索风雨激振，因此，在设计过程中，要结合实际情况,制定相应的解决对策。

(二)桥梁抗震标准设计

在进行桥梁抗震设计过程中,首先需要掌握地震运动的特点,考虑地震的级别和烈度,产生桥震的危害等。为了有效提升桥梁的抗震性,就要采用完善的设计理念。

1. 地震与桥梁抗震

地震是由于地球内部构造运动而产生的一种自然现象,其影响范围很广,破坏性极大,可以造成巨大的人员伤亡和财产损失。在通常情况下,地震振动可以通过震级和烈度表示。其中震级主要是衡量地震大小,主要通过地震最大振幅和震源释放的应变能标示。烈度主要表示地震对建筑物的影响程度,与地震释放的能量、深度、距离有着很大关系。

强烈的地震会产生巨大的灾害,如果在桥梁结构设计过程中,没有做好抗震设计,发生地震就会导致非常严重的后果。

明确了桥梁抗震设计的类别和抗震设防目标,下面就针对桥梁的抗震设备类别和设防目标展开论述。

表 4-1 桥梁抗震设防类别及目标

桥梁抗震设防类别	设防目标	
	E1 地震作用	E2 地震作用
A 类	一般不受损坏或者不需要进行修复,可以继续使用	可能局部出现轻微的损伤,不需要进行修复或者进行简单的修复即可
B 类	一般不受损坏或者不需要进行修复,可以继续使用	要保证不能出现倒塌或者出现严重的结构损伤,在经过临时加固以后,可供应急交通使用
C 类	一般不受损坏或者不需要进行修复,可以继续使用	要保证不能出现倒塌或者出现严重的结构损伤,在经过临时加固以后,可供应急交通使用
D 类	一般不受损坏或者不需要进行修复,可以继续使用	

根据相关要求,要坚持两水平和两阶段设计的原则。在第一阶段,主要采用弹性抗震设计,主要对应 E1 地震作用的抗震设计,从而达到设计的规范标准;第二阶段,主要采用延性抗震设计方法,还要采用能力保护原则,主要对应 E2 地震作用的抗震设计,以保证整个桥梁结构的具有良好的延伸性能,避免出现剪切破坏等模式,保证桥梁结构具有足够的位移能力。

2. 桥梁抗震设计的原则

合理的抗震设计,要求设计出来的结构在强度、刚度和延性等指标上有最佳的组合,使结构能够实现抗震设防的目标。抗震设计应遵循以下原则:

(1)桥梁抗震结构设计体系的整体性和规范性

桥梁的上部结构需是连续的,整体性能好,可以有效防止地震来临时抗震结构构件的掉落,同时结构体系的整体性对于抗震结构发挥空间作用也是十分关键的。另外抗震的结构设计体系还应规范，几何尺寸、刚度以及质量无论是在平面还是在立面空间内，布置都应该对称、均匀并且规范，以满足桥梁工程的实际情况。

（2）选择合适的施工场地

首先场地的选择要保证厂址是比较安全的，除安全性之外还有一个原则是尽量选择具有坚硬土的场地而不是软黏土场地，因为当地震到来时，软黏土场地更容易发生地基失效。

（3）提高抗震结构和构件的性能

地震之所以会对桥梁造成破坏是因为地震引起桥梁结构振动，因此，进行结构设计时，应尽可能少地使地震产生的振动能量传到桥梁结构内部去，同时抗震结构及构建又具有较好的强度、刚度以及延性，便可以有效地防止结构受到的破坏。桥梁抗震结构的刚性可以有效地控制结构的变形，而延性以及强度则决定了抗震结构的抗震能力。由于地震的反复振动会导致结构和构建的变形，从而减弱结构的强度以及刚度，因此在进行抗震结构设计时还应该重视结构及构件的延性设计。

（4）抗震设计的能力设计原则

强度安全度的差异性是能力设计的核心思想。能力设计思想强调强度安全度差异，即在不同构件（延性构件和能力保护构件，不适宜发生非弹性变形的构件统称为能力保护构件）和不同破坏模式（延性破坏和脆性破坏模式）之间确立不同的强度安全度。通过强度安全度差异，确保结构在大地震下以延性形式反应，不发生脆性的破坏模式。在我国以前的建筑抗震设计中，普遍采用"强柱弱梁，强剪弱弯，强节点弱构件"的设计思想。

3.桥梁常用减隔振措施

为了满足桥梁的抗震需要，提升桥梁的抗震性能，设计人员要结合桥梁的结构和情况特点，采取一些针对性措施，找到设计的薄弱环节，不断完善概念设计，设计出完善的方案和思路。

（1）阻尼器

在桥梁设计过程中，设计人员根据桥梁的结构特点，延性和外加阻尼不断释放地震的作用，从而减少桥梁的结构损失，消除薄弱环节。桥梁阻尼装置种类有很多，使用较为广泛的是粘滞阻尼装置。

（2）减隔震支座

减隔震支座在早期设计时，根据地震动峰值加速度来决定支座所承受的水平力，按静力法根据水平力计算支座本体及锚固螺栓的抗剪强度，当地震动峰值加速度较大时，支座所承受的水平力很大，有时可达承载力的30%~40%，此时仅仅依靠加大支座本身的结构尺寸，硬抗地震力，对支座和桥墩本身的受力都是不利的，因此科研单位开发出了抗震型盆式橡胶支座。抗震型盆式橡胶支座是在一般盆式橡胶支座的基础上设置一个摩擦系数大于0.2的滑动面，并在固定支座和单向支座上设置橡胶减震条。在正常使用时，固定支座不滑动能承受0.2P的水平力（P为支座垂直反力），当达到的地震力大于0.2P时，设置在固定支座上的滑动面相对滑移，橡胶减震条受压缩；当达到一定的水平力时（约0.25P），橡胶减震条的侧挡板屈服，橡胶卸载，通过以上两种措施以期达到地震消能的作用。

1）铅芯橡胶支座的应用

铅芯橡胶支座是在一般板式橡胶支座的基础上，在支座中心放入铅芯，以改善橡胶支座的阻尼性能的一种抗震支座。铅芯橡胶支座承受结构物的重量及水平力，使铅芯产生滞回阻尼的塑性变形，并通过橡胶提供水平恢复力。铅芯橡胶支座竖向刚度大、承载性能好，能稳定地支撑桥梁上部结构的荷载，而且水平刚度适中，能满足地震产生的大位移需要，通过调整铅芯的面积，可以改变铅芯橡胶支座的阻尼比，能有效吸收地震能量。

2）高阻尼橡胶支座的应用

高阻尼橡胶支座作为隔震支座，承载能力、恢复能力和阻尼（吸收能量）三位一体的功能，滞回曲线饱满，对风振和大、中、小地震都能发挥隔震效果，在发生大地震后，也不会产生残余变形，而且特性变化很小，无须更换。高阻尼橡胶支座的弹性性能和阻尼特性对温度的依赖性很小，适用于广泛的领域。

高阻尼橡胶支座的弹性刚度（等效刚度）依赖于变形的大小，变形小时刚度大，变形大时刚度小，呈非线性状态。对于风载荷，高阻尼橡胶支座的初期刚度能取得制动功能。对于地震，因为大变形时刚度小，可以取得良好的隔震效果。而且，对于过大的变形，会引起橡胶硬化现象，使橡胶的刚度增加，可以期望能有控制上部结构过大变位的效果。

3）摩擦摆式隔震支座

摩擦摆式隔震支座的本质也是摩擦阻尼支座，但它是依靠两个曲面的摩擦来实现支座的正常功能。支座的下支座板是一个较大半径的凹球面，地震时支座中心部分的摆动球面板，沿下支座板的凹球面发生摆动位移，利用一个简单的钟摆机理延长下部结构的自振周期，以减小地震力的作用。同时在地震时，摆动球面沿下支座板摆动时，球面板的标高发生变化，使上部结构抬高，通过势能做功，达到消耗地震能的目的。支座的摆动面板在地震后，可以通过上部结构的自重自动复位。

摩擦摆式隔震支座可以任何方向滑动，由温度变化引起的位移也由两个曲面的摆动来实现，当产生地震时，将剪力板剪断，支座可以在任何方向滑动，通过摩擦和高度变化，来消耗地震能。

该支座的作用原理比较简单，桥面支承在可滑动球形曲面上，当桥面与桥墩发生相对位移时，它就像钟摆一样运动。该体系的运动方程近似于一个质量相等的钟摆运动，钟摆长度为球面的曲率半径。通过改变曲率半径，可以改变支座的摆动周期，达到预期的隔震周期。通过支座水平运动时重力的竖向提升，将动能转化为势能，消耗地震能量，地震后支座在重力作用下，具有一定的复位能力。

（三）桥梁工程耐久性设计

一般而言，在桥梁的设计中，人们最关心的是桥梁的适用性、经济性、安全性以及美观度，而对于桥梁结构设计的耐久性很少有人问津。这主要表现在三个方面：第一，在桥梁的结构设计过程中最多考虑的是桥梁的强度，对于桥梁的耐久性却很少考虑；第二，一般而言，在桥梁结构的使用生命周期中，最为重要的是其使用极限，实践中我们发现，在对桥梁进行设计时，对新建成桥梁的承载强度极限比较重视，却忽视了桥梁的使用极限，这是非常危险的；第三，在桥梁施工前的设计中会充分考虑各方面的需要，因此比较重视建造结构的设计，而很少考虑在以后桥梁使用的过程中如何进行结构维护。正是在这样的背景下进行桥梁设计，才导致了当前桥梁坍塌事故频发、桥梁结构使用性能下降、桥梁使用寿命缩短等严重后果，最终成为当前桥梁建设事业发展的桎梏。

在整个桥梁工程施工作业当中，需要对桥梁的疲劳损伤问题做好全方位的考虑，这样才能确保日后桥梁的正常投入使用。站在桥梁结构所承受的动荷载力角度进行分析，其中包含了风荷载、车辆荷载等方面的具体内容。在桥梁结构当中会有随即变化的应力形成，这有可能对桥梁结构带来一定的振动作用，以使得积累性疲劳损伤的形成。整个桥梁工程施工作业当中，选用的施工材料若不是连续性或均匀性的，那么很容易使各类缺陷问题存在，加之，在循环性荷载的影响下，有的问题会不断地扩大，形成合并性损伤，并且致使桥梁构件外表上有一定的裂纹产生。

在以往的钢桥设计工作当中，在整个探究内容上，疲劳损伤是非常重要的内容，因疲劳问题会使得钢材有裂缝问题的出现，这是非常多发的一种现象。可是，伴随着混凝土结构的广泛运用，对疲劳损伤的探究强度需逐渐地增加。

在桥梁工程设计当中，非常容易受到来自外界因素的影响，使得桥梁遭受到一定程度的侵蚀，同时加之车辆、超载、人为因素的影响，给桥梁结构带来了各种不同程度的损害。对大跨度桥梁来讲，我国从20世纪80年代起就开始修建斜拉桥，并且各类桥梁损害问题、桥梁坍塌事故频繁发生，一些桥梁因拉索耐久性问题需将全部的拉索实施更换，这不但影响了桥梁的正常使用，并且使得桥梁工程成本大大增加，需要指出的是，桥梁设计问题的存在一般是因科学合理性及耐久性方面的问题，所以，在进行桥梁工程设计的时候一定要加以特别的重视。

目前，我们国家逐渐强化了对桥梁结构耐久性能的重视程度，同时获得了较为显著的成效。桥梁工程设计工作当中，需要从桥梁施工材料、统计角度做出综合性的分析，挑选广大工作人员易接受的方法，以促使工程施工可操作性能大大提升，促使整个桥梁的耐久性得到有效的保障。

桥梁工程设计工作当中，选择高质量的施工材料是确保桥梁安全性的基础性保障要素，唯有严格地按照具体规定选用高质量的施工材料，才能使整个桥梁的安全性得到真正的保障。在桥梁原材料当中，混凝土耐久性是由构成的具体材料决定的，其中包含有水泥使用数量、强度、水灰配合比等，桥梁相关规范当中对于混凝土的实际要求有着明确的界定，为此一定要严格地遵循现有的规定来进行混凝土的使用。同时，强化混凝土耐久性体现在以下两个方面：其一，在混凝土有裂缝出现的情况下，需在第一时间做出修补处理，采用科学合理的办法做好裂缝形态发展的有效掌控；其二，需强化混凝土保护层厚度，以促使钢筋得到一定的保护，防止有腐蚀、生锈的现象发生。

安全性是整个桥梁工程设计中至关重要的一个方面，科学合理的安全性能设计可促使整个桥梁工程质量得到较为显著的提升。在桥梁当中，安全性是非常关键的根本性因素，其对桥梁的使用质量、使用年限将产生直接性的影响，为此，唯有促使桥梁工程设计质量得到明显的提升，才能够保证桥梁的安全系数，运用科学合理的设计方案，达到桥梁耐久性方面的使用要求，防止桥梁在地震、荷载影响下有损坏、倒塌的情况发生。可以说，若想杜绝桥梁出现安全性问题，就要做好桥梁工程设计，挑选科学合理的桥梁设计方案，同时不断强化桥梁耐久性设计，创建安全高质量的桥梁工程。

（四）上部结构设计

1. 定义

上部结构在土木工程不同的学科中有不同的定义。对于房屋建筑来说，上部结构一般是指基础顶端以上的部分，但对于隔震结构，上部结构是指在隔震层以上的部分；对于桥梁来说，上部结构是指在线路遇到障碍而中断时，跨越这类障碍的主要承载结构。总体来说，上部结构是相对于下部结构或是基础而言的，上部结构的设计是结构设计中的重要组成部分。

2. 组成

对于桥梁来说，上部结构又称为桥跨结构、桥孔结构，包括桥面铺装、桥面系、承重结构以及联结部件。桥面铺装指的是公（铁）路面、人行道；桥面系包括纵梁、横梁或其他形式；承重结构指的是主梁（或拱、索）；连接结构包括纵向及横向的结构构件。而对于房屋建筑来说，上部结构一般包括梁、柱、板等基本构件。

3. 分界

基础结构与上部结构的分界位置，通常为上部结构的嵌固部位。为方便设计和施工采用统一的标准，并尽可能符合计算分析时的计算假定，在相关规定中，规定了六类基础结构与上部结构的分界位置。当基础埋深较浅，且当建筑首层地面以下至基础之间未设置双向地下框架梁时，上部结构与基础结构的分界取在基础顶面。

4. 设计方法

建筑结构常规设计是将上部结构、基础与地基三者分离出来作为独立的结构体系进行力学分析。分析上部结构时用固定支座来代替基础，并假定支座没有任何变形，以求得结构的内力和变形以及支座反力；然后将支座反力作用于基础上，用材料力学的方法求得线形分布的地基反力，进而求得基础的内力和变形；再把地基反力作用于地基或桩基上来验算承载力和沉降。

但是这种方法忽视了地基、基础和上部结构在接触部位的变形协调条件，其后果是底层和边跨梁柱的实际内力大于计算值，而基础的实际内力则比计算值小很多。因此，合理的设计方法应将三者作为一个整体，考虑接触部位的变形协调来计算其内力和变形。随着理论研究的深入和计算机技术的发展，人们对上部结构、基础共同作用的受力机理进行了深入研究，自20世纪70年代以来，有限元法日趋成熟，可以对大型结构进行整体计算，即将上部结构、基础的共同作用来一起分析。

由于上部结构、基础的共同作用的计算较为复杂，在建筑物较小、结构比较简单时，常规设计方法引起的误差一般不至于影响结构安全或增加工程造价，故而不需要考虑上部结构与基础的共同作用。然而对于那些规模较大、承受荷载较多、上部结构较为复杂、所处地质条件较差的结构，在设计时将上部结构与基础简单分开，仅满足静力平衡条件而不考虑两者之间的共同作用，则常常会引起较大的误差。例如，对于高层建筑来说，不考虑上部结构的刚度贡献，将会低估基础的整体性，很可能会导致错误的基础变形规律，这会造成基础设计在某些局部偏于不安全，而在另一些局部又可能存在不必要的浪费。此时，在设计时需要考虑上部结构与基础的共同作用来满足其在接触部位处的变形平衡条件。

（五）墩台设计

1. 墩台的作用与要求

桥墩（pier）、桥台（abutment）为桥梁的下部结构，是桥梁的重要组成部分之一。桥梁墩台的主要作用是承受上部结构传来的荷载，并将其及自身重力传给基础。桥墩支承相邻的两孔桥跨，居于桥梁的中间部位。桥台居于全桥的两端，它的前端支承桥跨，后端与路堤衔接，起着支挡台后路基填土并把桥跨与路连接起来的作用。桥梁墩台除承受上部结构的作用力外，桥墩还受到风力、流水压力及可能发生的冰压力、船只和漂流物的撞击力，桥台还需承受台背填土及填土车辆荷载产生的附加侧压力。因此，桥梁墩台不仅本身应具有足够的强度、刚度和稳定性，而且对地基的承载能力、沉降量、地基与基础之间的摩阻力等也都提出了一定的要求。

桥梁墩台的结构形式多种多样。随着桥梁建设事业的发展，特别是高等级公路桥梁和城市桥梁的兴起，出现了许多造型新颖、轻巧美观的桥墩结构形式。优秀的桥梁设计，往往注重展现下部结构的功能和造型，使上、下部结构造型协调一致，互为协调，达到良好的整体效果。

桥墩的常见形式有重力式墩、空心式墩、柔性墩、桩（柱）式墩、薄壁墩等。桥台的常见形式有重力式桥台、轻型桥台、框架式桥台、组合式桥台等。

桥梁下部结构的选型应遵循安全耐久、满足交通要求、造价低、养护维修量少、预制施工方便、工期短、与周围环境协调、造型美观等原则。桥梁的墩台设计与结构受力有关，与水文、流速及河床性质有关，也与地质条件有关。桥梁墩台要置于稳定可靠的地基上，并通过设计和计算确定基础形式和埋置深度。

桥梁是一个整体，上、下部结构共同工作、互相影响，在某种情况下，桥梁的下部结构很难与上部结构截然分开，因此，要重视下部结构与上部结构的合理构成。对墩梁固结的刚架桥、预应力混凝土连续刚构桥等，尤其如此。同时，还要求桥梁下部结构的造型与周围的地形、地物条件密切相关，使桥梁整体达到与环境和谐一致的效果。

墩台的施工方法与结构形式有关，桥梁墩台的施工主要有在桥位处就地施工与预制装配两种。就桥墩来说，目前较多的采用滑动模板连续浇筑施工，它适用于高桥墩、薄壁直墩和无横隔板的空心墩。而装配式墩可在带有横隔板的空心墩、V形墩、Y形墩等形式中采用。在跨海桥中，为尽量减少海上混凝土作业，采用预制装配式桥墩是合理的选择。在墩台施工中，应从实际情况出发，因地制宜地提高机械化程度，大力采用工业化、自动化和施加预应力的施工工艺，以提高工程质量，加快施工速度。

2. 桥墩的类型与构造

（1）重力式桥墩

重力式（gravity type）桥墩也称实体式桥墩，它主要靠自身的重力来平衡外力而保持其稳定，因此墩身比较厚实，可以不配钢筋，而用天然石材或片石混凝土砌筑。重力式桥墩取材方便，施工简易，养护工作量小，对抵抗外界不利因素如撞击、侵蚀的能力较强，在早期的铁路桥梁中常被采用。它的缺点是工程量大、自重大，对地基承载力的要求较高，基础工程量也往往较大。

按墩身（pier shaft）水平横截面形式的不同，常见的重力式桥墩可分为矩形墩、圆端形墩、圆形墩等。

1）矩形墩。它的外形简单、施工方便。但对水流的阻力很大，引起的基础局部冲刷较大。一般用于无水或静水处。在水流影响小或不通航河流上的桥墩，或靠近河岸的桥墩，可采用这种形式。

2）圆端形墩。它的截面是矩形长边的两端各接一个半圆，施工稍麻烦，但较适合水流通过，可减少局部冲刷。一般用于水流斜交角小于15°的桥梁，是水中桥墩广泛采用的一种形式。

3）圆形墩。其截面为圆形，材料用量较多，模板制作较麻烦，但其流水特性较前两种形式好。一般用于河流急弯、流向不固定或与水流斜交角大于15°的桥梁。

重力式墩由墩帽、墩身和基础三部分组成。

墩帽（coping）位于桥墩顶部，它的主要作用是把桥梁支座传来的相当大的较为集中的力，分散均匀地传给墩身，因此要求墩帽具有一定的厚度和较高的强度，且在尺寸上要满足桥梁支座布置的需要。墩帽与支座直接接触的部分称为支承垫石，其承受的应力更集中，需具有更高的强度。此外，墩帽要为施工架梁和养护维修提供必要的工作面，故其平面尺寸与墩身相比较大。通常当两者尺寸相近时，可仅在墩帽下设置10~20 cm的檐口。但当两者尺寸相差较大时，则需在墩帽下设置托盘过渡，称为托盘式墩帽；或者让墩帽横向挑出墩身一定长度，称为挑臂式墩帽。铁路桥墩常用托盘式墩帽，公路桥墩当桥面较宽时，为节省墩身及基础材料，常采用钢筋混凝土挑臂式墩帽。

墩帽的厚度一般不小于30~40 cm。为防止雨水侵蚀，墩帽表面一般设不小于3%的排水坡，但支承垫石顶面应高出排水坡上棱。墩帽的平面尺寸根据支座布置要求和架梁与养护时移梁和顶梁的要求确定。铁路和公路桥规对墩帽的尺寸均有具体的规定。

墩帽一般采用C20以上的混凝土做成，加配构造钢筋。支承垫石部位加配一层或多层钢筋网。挑臂式墩帽的受力钢筋需经计算确定。

根据规定，重力式桥墩的墩身材料一般用不小于C20的片石混凝土或M7.5以上的水泥砂浆砌片石或块石，也可以用混凝土预制块砌筑。墩身的主要尺寸包括墩高、墩顶面、底面的平面尺寸及墩身侧坡。墩身的侧坡一般采用20:1~30:1。当桥梁跨度较小且墩高不大时，桥墩可做成直坡；高度很大的桥墩，可按某一曲线上收，也可分节段做成阶梯状。

（2）空心式桥墩

空心式桥墩（hollow pier）是实体墩向轻型化发展的一种较好的结构形式，尤其适用于高桥墩。空心式桥墩可以充分利用材料的强度，因此可节省材料，减轻自重，进而也能减少基础工程量。一般高度的空心墩比实体墩节省材料用量20%~30%，钢筋混凝土空心墩可节省50%左右。空心式桥墩可采用钢滑动模板施工，也可采用翻动模板施工，其施工速度快、质量好、节省模板支架。

按建筑材料的不同，空心式桥墩可分为混凝土空心墩和钢筋混凝土空心墩两类。混凝土空心墩可在高度小于50 m的桥墩中使用。钢筋混凝土空心墩受力性能优于混凝土墩，可用于更高的桥墩。空心墩的壁厚应根据设计和施工的要求来选定，一般壁厚不小于30cm。考虑到温度应力等的影响，墩身一般均应加设护面钢筋。此外，为减少墩壁内外温差，在离地面一定高度处的墩身周围，应设置直径20cm左右的通风孔。

桥墩的截面形式有空心圆形、圆端形、矩形等数种。其中圆形及圆端形的截面形式便于滑模施工。桥墩的立面布置可采用直坡式、侧坡式和阶梯式等，直坡式和侧坡式便于滑模施工。

早期空心墩仿照竹节构造，每隔一定高度设置一道横隔板。横隔板有利于空心结构的抗扭，对薄壁的稳定也有帮助。但内力分析和模型试验证明，一般空心墩所受扭矩不大，薄壁的局部稳定一般不控制设计。不设或少设横隔板，对桥墩施工更为方便。空心式桥墩的顶部需设置实体段，以便布置支座，均匀传力并减少对空心墩壁的冲击。实体段的高度取1~2m。墩身与底部或顶面交界处，为改善应力集中，应采用墩壁局部加厚或设置实体段的措施。

在流速大并夹有大量泥砂石的河流，以及在可能有船只、冰和漂流物撞击的河流中，采用薄壁空心墩时，应采取有效防护措施（如设计水位以下的墩身改用实体段）。

（3）柔性墩

简支梁一端设置固定支座，另一端设置活动支座，这是传统方式。在顺桥方向，桥梁墩台之间的水平联系被完全隔断，各桥墩均需按其单独承担梁上传来的水平力（制动力或牵引力）设计。为抵抗强大的水平力作用，桥墩截面尺寸较大，造型欠佳。

为充分发挥桥墩的承载（受压）能力，可让各墩（台）具有不同的抗推刚度，并通过支座及梁体使各墩台联系起来，共同抵抗水平力。对多跨桥，可在其两端设置刚性较大的桥台，中间各墩则采用柔性墩（flexible pier，其顺桥方向的墩身尺寸较小，抗推刚度较小）；同时，全桥除在一个中墩上设置一活动支座外，其余墩台上均采用固定支座。理论分析和实验表明，作用在桥梁上的水平力将按各墩台的抗推刚度大小进行分配。因此，作用在各柔性墩上的水平力极小，绝大部分水平力由刚性桥台承担。这样，桥墩就可以采用柔性的单排桩墩、柱式墩或其他薄壁式桥墩，达到节省材料、使桥墩轻型化的目的。

由于只设了一个活动支座，当桥梁孔数较多时，柔性墩的墩顶水平位移可能过大，活动支座的位移量要求也要大，刚性桥台的支座所受的水平力也大。因此，多跨长桥采用柔性墩时宜分成若干联。两个活动支座之间或刚性台与第一个活动支座间称为一联。每联设置一个刚性墩（台），刚性墩宜布置在地基较好和地形较高的地方。一联长度的划分视地形、构造和受力情况确定。

（4）桩（柱）式墩

1）排架桩墩

桩式桥墩是将钻孔桩基础向上延伸作为桥墩的墩身，在桩顶浇筑盖梁而形成的。桩式墩在墩位的横向可以是一根、两根或数根。在一个墩或台沿纵向设置一排桩时，称为单排桩墩，设置两排时称为双排桩墩。

排架桩墩采用钢筋混凝土结构，盖梁横截面可用矩形或 T 形，等高度或变高度。单排桩墩一般适用于墩高不超过 4~5 m 的中小跨梁桥。双排桩墩的承载能力和稳定性都较强，但墩身高度不宜大于 10 m。

排架桩墩材料用量经济，施工简单，适合在平原地区建桥使用，一般跨度不大于 13 m，在有漂流物和流速过大的河道，桩墩容易受到冲击和磨损，不宜采用。

2）柱式墩

柱式墩是目前公路桥梁中广泛采用的桥墩形式，特别是在较宽的城市桥和立交桥中，采用这种桥墩既能减轻墩身重量、节约材料，又较美观。柱式桥墩的墩身沿桥横向常由 1~4 根立柱组成，柱身截面为 0.6~1.5 m 的大直径圆柱、矩形、多边形等形式，使墩身具有较大的强度和刚度。当墩身高度大于 6~7m 时，可设横系梁以加强柱身间横向联系。

柱式桥墩一般由基础之上的承台，柱式墩身和盖梁组成。双车道桥常用的形式有单柱式、双柱式和哑铃式以及混合双柱式四种。单桩式墩适用于斜交角大于 15°的桥梁、流向不固定河流上的桥梁和立交桥上使用。双柱式墩在公路桥上用得较多，哑铃式和混合双柱式墩对有较多漂流物和流冰的河道较为适用。

（5）薄壁墩

1）钢筋混凝土薄壁墩

钢筋混凝土薄壁（或板壁）墩的截面形式有板壁形、I 形、箱形等，可作为柔性墩。圆形的薄壁空心墩也是钢筋混凝土薄壁墩的类型之一。板壁形的薄壁墩构造简单、轻巧、材料用量少，适用于地基承载力较弱的地区。薄壁墩的高度一般不大于 7m，由于墩身受压受弯，因此要配有适量的受力钢筋和构造钢筋。该桥桥墩中距 14.1 m，墩高 4.8 m，墩厚 0.35 m，墩厚为高度的 1/13.7，与排架桩墩比较，薄壁墩的材料用量多，但更适于抵抗漂流物或流冰的撞击。薄壁墩在墩位的横向也可做成 V 形、Y 形或其他形状。

2）双薄壁墩

双薄壁墩是在墩位上有两个相互平行的墩壁（可采用实心或空心截面）与主梁刚结（或铰接）的桥墩。钢筋混凝土双薄壁墩可增加桥梁刚度，减少主梁支点负弯矩，增加桥梁美观。

3.空心高墩的施工

空心高墩的施工，若采用搭设支架的方法，费工费料，甚至难以实现。在桥梁工程实践中，发展了一些适于高墩施工的方法，如滑升模板、爬升模板、翻升模板等。这些施工方法的共同特点是模板依附于已浇筑完成的墩壁上，并随着墩身的逐步加高而向上升高。现对其工作原理简介如下。

（1）滑升模板

滑升模板（简称滑模）一般由内外两圈模板构成，在其间浇筑墩壁混凝土。模板高 1~1.5m，安置在支架上，支架连接到埋于墩壁混凝土中的顶杆上，顶杆与支架间设有千斤顶。利用千斤顶将支架连同模板顶起。滑升模板以墩身为支架，不需搭设落地支架。混凝土的浇筑可随模板缓慢滑升连续不断地进行。一般情况下，混凝土的浇筑及模板滑升速度在 0.2 m/h 时，施工速度最快。滑模可用于直坡墩身，也可用于斜坡墩身。

（2）爬升模板

爬升模板（简称爬模）分为无架体爬模和有架体爬模。无架体爬模与滑模相似，不同的是支架通过千斤顶支干预埋在墩壁中的预埋件上。浇筑好的墩身混凝土达到一定强度后，将模板松开，千斤顶上顶，将支架连同模板升到新的位置，模板就位，再灌筑墩身混凝土。有架体爬模由爬架系统、模板系统、限位系统和顶升动力系统四部分组成。工艺原理是导轨和爬架互不关联，两者均可依附或脱离墩（塔）身。通过液压千斤顶对导轨与爬架的交替顶升，就可实现模板系统的逐节爬升。该系统集工作平台、支架、模板于一身，无须吊升设备，无须为模板而另行搭设工作平台，应用十分广泛。该方法可用于斜坡墩（塔）身，每次混凝土浇筑高度在 5m 左右，5~6 天一个循环。

（3）翻升模板

翻升模板（简称翻模）一般由三层钢模板组成一个基本单元，并配有随模板升高的混凝土接料平台（工作平台）。当浇筑完上层模板的混凝土后，将最下层模板拆除翻上来并成为第四层模板。以此类推，循环施工。采用该方法，每次混凝土浇筑高度在 4~6m，约 5~6 天一个循环。翻模也能够用于有坡度的桥墩桥塔，应用较多。

4.桥台的类型与构造

（1）重力式桥台

重力式桥台也称实体式桥台，它主要靠自身重力来平衡台后的土压力。桥台台身多用石砌、片石混凝土或砌体材料建造，并采用就地建造施工方法，适合于石料来源丰富的桥梁工点选用。

按截面形状或构造特征，重力式桥台的常用类型有T形桥台、矩形桥台、U形桥台、埋式桥台、耳墙式桥台等。其中矩形桥台和T形桥台主要用于铁路桥梁。

1）T形桥台。它主要用于铁路桥，工程量较小，使用广泛，尤其适用于较大的桥跨和较高的路堤。

2）矩形桥台。它的形状简单，施工方便，但工程量大，目前已较少采用。当填土不高、桥跨较小且桥面不宽时可考虑采用。

3）U形桥台。当桥面较宽或桥跨较小，填土较低时，采用U形桥台较为节省。其为公路桥常用形式。

4）埋式桥台。当填土较高时，为减少桥台长度节省材料用量，可将桥台前缘后退，使桥台埋入锥体填土中而成的一种桥台形式。

5）耳墙式桥台。在台尾上部用两片钢筋混凝土耳墙代替实体台身并与路堤连接，借以节省材料。这种桥台也可设计成埋入式。

按结构形式，桥台还可分为带翼墙和不带翼墙两大类。翼墙位于桥台两侧，多采用八字形和一字形。翼墙的作用是：挡住桥台两侧的路基填土，保证桥头路基稳定，并引导水流顺畅地进入桥孔。带翼墙的桥台主要用于公路桥。

重力式桥台一般由台帽、台身（前墙、胸墙和后墙）及基础等组成。台帽支承桥跨，其上设有支撑垫石和排水坡，常用钢筋混凝土材料；台身承托着台帽，并支挡路堤填土，它一般用石材或片石混凝土做成。此外，桥台上部应伸入路堤一定深度，以保证桥台和路堤的可靠连接。在路堤前端的填土应按一定坡度做成锥形，称为锥体护坡。桥台的主要尺寸有桥台全长、填土高度、埋置深度及台身平面尺寸等。台帽的主要尺寸要求与桥墩墩帽类似。

（2）轻型桥台

轻型桥台的形式很多，其主要特点是利用结构本身的抗弯能力来减少结构尺寸和材料用量而使桥台轻型化。轻型桥台所用材料大多以钢筋混凝土或少量配筋的混凝土为主。轻型桥台主要用于公路桥梁。

1）薄壁轻型桥台

薄壁轻型桥台常用的形式有悬臂式、扶壁式、撑墙式及箱式等。在一般情况下，悬臂式桥台的混凝土数量和配筋量较高，撑墙式与箱式的模板用量较高。薄壁轻型桥台的优点与薄壁墩类同，可依据桥台高度、地基强度和土质等因素选定。

2）支撑梁轻型桥台

单跨或孔跨不多的小跨径桥，在条件许可的情况下，可在轻型桥台之间或台与墩间，设置3~5根支撑梁。支撑梁设在冲刷线或河床铺砌线以下。梁与桥台设置锚固栓钉，使上部结构与支撑梁共同支撑桥台承受台后土压力。此时桥台与支撑梁及上部结构形成四铰框架来受力。轻型桥台可采用八字式和一字式翼墙挡土，如地形许可，也可做成耳墙，形成埋置式轻型桥台并设置溜坡。

（3）框架式桥台

框架式桥台是一种在横桥向呈框架式结构的桩基础轻型桥台，它所受的土压力较小，适用于地基承载力较低、台身较高、跨径较大的梁桥。其构造形式有双柱式、多柱式、墙式、半重力式和双排架式、板凳式等。

双柱式桥台一般用于填土高度小于 5 m 的情况。当桥较宽时，可采用多柱式。为了减少桥台水平位移，也可先填土后钻孔。当填土高度大于 5 m 时，可采用墙式。墙厚一般为 0.4~0.8m，设少量钢筋。台帽可做成悬臂式或简支式，需要配置受力钢筋。当柱式桥台采用钻孔桩基础并向上延伸形成台身时，可不设承台；对于柱式和墙式桥台一般在基础之上设置承台。

框架式桥台均采用埋置式，台前设置溜坡。为满足桥台与路的连接，在台帽上部设置耳墙，必要时在台帽上方两侧设置挡板。

（4）组合式桥台

为使桥台轻型化，桥台本身主要承受桥跨结构传来的竖向力和水平力，而台的土压力由其他结构来承受，形成组合式桥台。组合的方式很多，如桥台与锚定板组合、桥台与挡土墙组合、桥台与梁及挡土墙组合、框架式的组合、桥台与重力式后座组合等。

锚定板式桥台有分离式和结合式两种形式。

分离式是台身与锚定板、挡土结构分开，台身主要承受上部结构传来的竖向力和水平力，锚定板结构承受土压力。锚定板结构由锚定板、立柱、拉杆和挡土板组成。桥台与锚定板结构之间预留空隙，上端设伸缩装置；桥台与锚定板结构的基础分离，互不影响，使受力明确，但结构复杂，施工不方便。

结合式锚定板式桥台的锚定板结构与台身结合在一起，台身兼做立柱或挡土板。作用在台身的所有水平力假定均由锚定板的抗拔力来平衡，台身仅承受竖向荷载。结合式结构简单、施工方便、工程量较省，但受力不很明确，若台顶位移量计算不准，可能会影响施工和运营。锚定板可用混凝土或钢筋混凝土制作，立柱和挡土板通常采用钢筋混凝土。

第三节 桥梁设计的方案比较

一、方案比较

为了获得经济、适用和美观的桥梁设计方案，设计者必须根据自然和技术条件，因地制宜，在综合应用专业知识，了解和掌握国内外新技术、新材料、新工艺的基础上进行深入细致的研究和分析对比，这样才能得出完美的设计方案。

桥梁设计方案的比选和确定可按下列步骤进行。

1. 明确各种高程的要求。在桥位纵断面图上，按比例绘出设计洪水位、通航水位、堤顶标高、桥面标高、通航净空、行车净空位置图。

2. 桥梁分孔和初拟桥型方案草图。在确定了上述各种标高的纵断面图上，根据泄洪总跨径的要求，做出桥梁分孔和桥型方案的草图。作草图时思路要开阔，只要基本可行，尽可能多做一些方案草图，以免遗漏可能的桥型方案。

3. 方案筛选。对各方案草图做技术和经济上的初步分析和判断，筛去弱势方案，从中选出 2~4 个构思好、有特点的方案，做进一步详细的研究和比较。

4. 详绘桥型方案。根据不同桥型、不同跨度、不同宽度和施工方法，拟定主要的结构尺寸，并尽可能细致地绘制各个桥型方案的尺寸详图。对于新结构，应做初步的力学分析，以确定各方案的主要尺寸。

5. 编制估算或概算。依据编制方案的详图，计算上、下部结构的主要工程数量，依据各省、市或行业的"估算定额"或"概算定额"，编制出各方案的主要材料（钢、木、混凝土等）用量、劳动力数量和全桥总造价。

6. 方案选定和文件汇总。综合考虑建设造价、养护费用、建设工期、营运适用性、美观等因素。阐述每个方案的优缺点，经分析论证，选定一个最佳的推荐方案。在深入研究和比较的过程中，应当及时发现并调整方案中的不合理之处，确保最后选定的方案是强中选强的方案。

上述工作完成之后着手编写方案说明。说明书中应阐明方案编制的依据和标准，各方案的主要特色、施工方法、设计概算以及方案比选的综合性评述。对于推荐方案应做详细的说明。各种测量资料、地质勘查和地震烈度复核资料、水文调查与计算资料等应按附件载入。

二、大数据时代下桥梁的建设与安全管理

1. 问题

（1）建设单位和监管单位安全管理能力不足

很多企业并没有设立专门针对安全的管理组织，安全管理人员也是严重短缺，现有的安全管理人员素质水平较低，对于安全常识掌握不足，在对企业桥梁建筑工程监理的过程中，不能将安全管理的理论依据与实际情况相结合。即使设立了专门负责安全管理的单位，职能也较为单一，并没有对日常工程进行常规考核，监理方法过于单一，不能很好地将安全意识落到实处，从而达不到排查安全隐患的目的。

（2）缺乏可依据的管理体系和定量研究方法

在我国特大桥梁的建设施工过程中，严重缺少建筑单位的建筑管理体系，对于建筑施工开始前的安全隐患排查工作没有定量研究方法。我国目前对各个建筑单位的考核大部分都以检查表的形式来进行，缺少理论性，说服性不是很强，缺乏层次性，这种不太科学的

划分检查依据不容易让大众信服。不仅不系统，很多情况下还会造成系统信息的丢失，后果极其严重。

（3）超负荷问题

我国经济水平目前已经发展到一定高度，正常情况下，家家有车，交通压力是非常巨大的，公路上的日交通量、月交通量正在以指数形式增长。如此沉重的交通压力，给桥梁带来了相应的压力，桥梁老化速度增加，更令人惊心的是，有的城市中桥梁出现了破损进而引发了桥梁倒塌事故，造成大量人车伤亡，这就是超负荷带来的后果。

（4）缺乏正确的日常维护

桥梁建设要求建筑人员有很强的技术性和专业性，但是桥梁养护人员的素质并不是很高，他们并没有专业的技术，很少有桥梁养护人员接受过了专业的护养培训，更没有精湛的技术。并且养护工作在不同的管理层次上没有要求统一，严重影响到日后的桥梁建筑护养。

2. 解决措施

（1）招标管理

各个参建单位对于桥梁建筑的安全性有很大影响，桥梁的安全管理需要各个参建企业的配合，因此应该提高桥梁建筑投标要求，提升招标的门槛，尽可能刷下去在技术性和管理层面有缺陷的企业，从设计环节就开始筛选。最重要的一点是，该企业必须具有安全建筑许可证。此外，还应该对企业以往的业绩进行调查，深入了解企业内部的管理机构，考察该企业的技术能力和人才资源力量。私下调查承包商的安全建设意识，是否具备专业的监管安全组织或者机构，排除以前因为粗心大意而发生重大安全事故的企业。

（2）注重后期保养

混凝土是大部分桥梁建筑的主要施工材料，然而混凝土的一种特质就是容易裂缝，因此，要提高桥梁建筑的后期保养重视程度，尽最大可能减少接缝出现的情况。对桥梁养护人员进行专业培训，设定专门的课程，强制性要求护养人员参加，并且对积极参加人员给予一定的物质奖励。定期对桥梁的裂缝情况进行检查和记录，并定期向相关组织进行汇报。

（3）更新设计理念

除了以上提到的对招标管理进行规范、重视后期保养外，还要更新一下传统的设计理念。为桥梁建设和安全管理注入新鲜血液，同时对桥梁的设计进行规范化管理，对安全管理体系进行修订优化，增加桥梁建筑的时代感。这一点可以借鉴国外优秀的桥梁建筑作品，参考外国是怎样确立安全监理和桥梁保养体制的，同时继承我国古代建筑的优秀精神，中外结合，以求利益最大化。对安全管理部门，要求其做好分工，主要看桥梁的质量，淘汰只注重外观的形式主义建筑。遇到建筑难度系数较大的工程，允许多个建筑商加入，共同商讨出最完美方案再开始施工。

（4）加强人员培训，提高管理能效

由于桥梁建筑对建设人员的专业性和技术性要求很高，所以必须在综合素质方面让其有所提升，向管理人员定期传授护理知识和基本理论，并培养其将理论与实际相结合的能力，使桥梁安全管理上升到新水平。

3. 应用大数据对桥梁进行管理

（1）检测桥梁结构响应

大数据利用声、光、电多维数据对桥梁结构进行分布式检测，通过各类接触或不接触传感器获取结构的相应数据，并进行分类与总结，以提供给不同的客户端用户。

（2）车辆荷载分布

车辆荷载是桥梁安全管理的一项重要内容，与传统的研究方式相比，大数据可综合应用收费站数据、视频监控数据、健康监测等数据，实时记录车辆的运动轨迹与路程，从而分析车辆的真实荷载加载状态。

（3）利用大数据做好工程质量管控

利用大数据云服务平台形成统一的数据共享平台，企业、政府以及其他监管单位的管理数据对接可以通过该平台实现，实现数据资源的融会贯通。通过此平台，设置质量控制点，系统自动抓取技术指标数据，对施工技术指标进行监管。从而能够对技术要求高、施工难度大的某个工序或环节，设置技术和监理的重点，重点控制操作人员、材料、设备、施工工艺等；针对质量通病或容易产生不合格产品的工序，提前制定有效的措施，重点控制；对于新工艺、新材料、新技术的使用，通过数据分析了解是否符合施工要求。通过对施工技术指标数据的挖掘、分析，实现工程质量的信息化监管。

第四节　桥梁的设计作用及其效应组合

一、作用分类

"作用"是引起桥涵结构反应的各种原因的统称，它可以归纳为性质不同的两类：一类是施加于结构之上的外力，如车辆、人群、结构自重等，它们直接施加于结构之上，可用"荷载"这一术语来概括；另一类不是以外力的形式施加于结构，它们产生的效应与结构本身的特性、结构所处的环境等有关，如地震、基础变位、混凝土收缩和徐变、温度变化等，它们间接作用于结构上，如果也称荷载，容易引起人们的误解。因此，目前国际上普遍将引起结构反应的原因称为"作用"。而"荷载"仅限于施加于结构上的直接作用。

作用的种类、形式和大小的选定是桥梁计算工作中的主要部分，它关系桥梁结构在其设计使用期限内的安全系数和桥梁建设费用的合理投资。作用分为永久作用、可变作用、偶然作用和地震作用四大类，如表 4-2 所示。

表4-2 作用的分类

序号	分类	名称
1		结构重力（包括结构附加重力）
2		预加力
3		土的重力
4	永久作用	土侧压力
5		混凝土收缩，徐变作用
6		水浮力
7		基础变位作用
8		汽车荷载
9		汽车冲击力
10		汽车离心力
11		汽车引起的土侧压力
12		汽车制动力
13		人群荷载
14	可变作用	疲劳荷载
15		风荷载
16		流水压力
17		冰压力
18		波浪力
19		温度（均匀温度和梯度温度）作用
20		支座摩阻力
21		船舶的撞击力
22	偶然作用	漂流物的撞击作用
23		汽车撞击作用
24	地震作用	地震作用

1. 永久作用：结构使用期内，其量值不随时间变化，或其变化值与平均值相比可以忽略不计的作用。

2. 可变作用：在结构使用期内，其量值随时间变化，且其变化值与平均值相比不可忽略的作用。

3. 偶然作用：在结构使用期内，出现的概率很小，一旦出现其值很大且持续时间很短的作用。

4. 地震作用：它是一种特殊的偶然作用，因此，将地震作用单列为一种类型。

二、永久作用、可变作用

（一）永久作用

永久作用包括结构重力、预加力、土的重力、土侧压力，混凝土收缩及徐变作用、水的浮力和基础变位作用。

结构物的重力及桥面铺装、附属设备等外加重力均属于结构重力，结构自重可按结构构件的设计尺寸与材料的重力密度进行计算确定。桥梁结构的自重往往占全部设计荷载的大部分，采用轻质高强度材料对减轻桥梁自重、增强跨越能力有着重要的意义。

对于预应力混凝土结构，预加力在结构进行正常使用极限状态设计和使用阶段构件应力计算时应作为永久作用计算其主、次效应，计算时应考虑相应阶段的预应力损失，但不计算由于预加力偏心距增大引起的附加效应。在设计结构承载能力极限状态时，预加应力不作为作用，而将预应力钢筋作为结构抗力的一部分，但在超静定结构中，仍需计算预加力引起的次效应。

温度降低会使混凝土收缩，并在其内部产生收缩应力。结构构件在长时间使用过程中会发生变形，这种随时间的增长而产生的变形称为徐变。由这种变形而产生的内力为徐变内力。对于超静定混凝土结构及结合桥梁等，均应考虑混凝土的收缩和徐变作用。

（二）可变作用

桥梁设计中考虑的可变作用有汽车荷载和人群荷载。同时，对于汽车荷载应计算其冲击力制动力和离心力。所有车辆荷载尚应计算其所引起的土侧压力。

第五章 桥梁管理的中长期策略规划关键技术研究

桥梁是一项关系民生的重要建筑，一旦建设完成，就是一项长期使用的建筑，因此工程质量是非常重要的，同样，在建设完成使用的过程中桥梁的管理发挥着重要作用。基于此，本章对桥梁管理中的中长期策略规划以及技术展开论述。

第一节 策略总则研究

一、野外勘测和调查研究

一座桥梁的规划设计涉及的因素很多，必须充分地调查研究，收集以下资料，从客观实际出发，提出合理的设计建议及计划任务书。

1. 调查研究桥梁交通要求

对于公路或城市桥梁，需要调查研究桥上交通种类及其要求，如汽车荷载等级、实际交通量和增长率，需要的车道数目或行车道宽度，以及人行道的要求等等。

2. 选择桥位

各级公路上的小桥及其与公路的衔接，一般应符合路线布设的要求，桥中线与洪水流向应尽量正交。各级公路上的特大、大、中桥的桥位，原则上应服从路线上的总方向，路桥综合考虑。对于特大、大、中桥一般选择 2~5 个可能的桥位，对每个可能桥位进行相应的调查、勘测工作，包括搜集洪水、地形和地质资料；实地调查历史洪水位；做必要的地形、地貌和地质等测绘工作。然后经综合分析比较，选择出最合理的桥位。

3. 桥位的详细勘测和调查

对确定的桥位要进一步搜集资料，为设计和施工提供可靠依据。这时的勘测和调查工作包括绘制桥位附近大比例地形图、桥位地质钻探并绘制地质剖面图、实地水文勘测调查等。为使地质资料更接近实际，宜将钻孔布置在拟定的桥孔方案墩台附近。

（4）调查其他有关情况

调查了解地震资料、当地建筑材料来源及供应情况、运输条件、是否需要拆迁建筑物或占用农田、桥上是否需要铺设电缆或各种管线等。

二、桥梁纵、横断面设计和平面布置

1. 桥梁纵断面设计（verical-sectional design of bridge）。桥梁纵断面设计包括桥梁总跨径的确定、桥梁分孔、确定桥面标高和桥下净空、桥梁纵坡及基础埋置深度等。

2. 桥梁总跨径的确定。桥梁总跨径一般根据水文计算确定。桥梁墩台和桥头路堤压缩河床，使桥下过水断面减少，流速增大，引起河床冲刷和桥上游壅水，因此，桥梁总跨径必须保证桥下有足够的排洪面积，河床不产生过大的冲刷，并注意壅水可能淹没耕地和建筑物等危害。此外，还应注意河床地形，不宜过分压缩河道改变水流的天然状态。

3. 桥梁分孔。桥梁总跨径确定后，下一步是分孔布置，解决一座桥分成几孔和各孔的跨径多大的问题。桥梁分孔是一个较复杂的问题，需因时因地制宜、综合比较后确定。对于通航河流，首先根据通航净空要求，确定通航孔跨径，并布置在稳定的主河槽位置，对于变迁性河流，还需加设通航孔。桥基位置尽量避开复杂的地质和地形区段；分孔布置还要考虑上部结构采用的结构体系类型，有些结构体系中各桥孔的跨径应有合宜的比例，以保证结构受力合理；要考虑基础施工因素，若基础施工困难，航运繁忙，则宜加大孔径；从经济上考虑，一般来说，采用大跨度时上部结构造价大，而下部结构造价则比小跨度时小。在满足通航的前提下，通过经济技术比较，最后确定分孔布置。跨径选择还与施工能力有关，有时选用较大跨径虽然在技术上和经济上是合理的，但由于缺乏足够的施工技术能力和机械设备，也不得不改用较小跨径。此外，要注意确定桥梁孔径时应考虑桥位上下游已建或拟建桥涵和水工建筑物的状况及其对河床演变的影响。

4. 桥面标高的确定。桥面标高的确定主要考虑三个因素：路线纵断面设计要求、排洪要求和通航要求。对于中、小桥梁，桥面标高一般由路线纵断面设计确定；对于跨河桥，为保证结构不受毁坏，桥梁主体结构必须比计算水位（设计水位计入壅水、浪高等）或最高流冰水位高出一定距离，满足相关规定中对非通航河流桥下净空的要求（见表6-1）；对于通航河流，通航孔还必须满足通航净空要求，通航净空尺寸按要求确定；对于跨越铁路或公路的桥梁，应满足相应的铁路或公路的建筑界限规定。

表 6-1 非通航河流桥下净空

桥梁的部位	高出计算水位（m）	高出最高流冰面（m）
梁底	0.5	0.75
支座垫石顶面	0.25	0.5
拱脚	0.25	0.25

注：无铰拱的拱脚可被设计洪水淹没，但不宜超过拱圈高度的2/3，且拱顶底面至计算水位的净高不得小于1.0m。

（5）桥梁纵坡布置。桥梁标高确定后，就可根据两端桥头的地形和线路要求来设计桥梁的纵断面线形。按照公路工程技术标准规定，公路桥梁的桥上纵坡不宜大于4%，桥头引道纵坡不宜大于 5%；位于市镇混合交通繁忙处，桥上纵坡和桥头引道纵坡均不得大于 3%，桥头两端引道线型应与桥上线型相配合。

（6）桥梁横断面设计（cross-sectional design of bridge）。桥梁横断面的设计，主要决定桥面的宽度和桥跨结构横截面的布置。桥面宽度由行车和行人的交通需要决定。桥面净空应符合桥规（TG D60）第 3.3.1 条公路建筑限界的规定，在规定的限界内，不得有任何结构部件等侵入。在选择车道宽度，中间带宽度和路肩宽度及其一般值和最小值时，应首先考虑与桥梁相连的公路路段的路基宽度，保持桥面净宽与路肩在"工可"阶段，应提出多个桥型方案，并按交通部公路建设工程投资估算编制办法估算造价，对资金来源和投资回报等问题应基本落实。

三、桥梁建筑造型与美学

1. 概述

桥梁作为人类建造的结构物，不仅具有交通功能，而且能满足人们到达彼岸的希望心理，同时也是生活环境中使人印象深刻的标志性结构物，常常成为审美的对象和文化的遗产，因此，对桥梁造型的美学要求——桥梁结构本身的协调和和谐以及桥梁和周围环境的协调，从而给人们美的享受，应是桥梁设计中必须考虑的主要因素。

桥梁建筑空间形态一般称为形体。当人们接近一个卓越的桥梁建筑时，由于其结构形体的引发而使人产生感动和联想，我们把创造具有这种艺术感染力的建筑结构形体称为建筑造型，把获得这种建筑造型的工作过程称为建筑造型设计。

下面将简要介绍桥梁建筑造型设计有关美的法则。

2. 桥梁建筑造型美的法则

（1）协调与统一

协调与统一，主要指两方面。其一是桥梁与桥位处的自然景观和附近的人工建筑物一起，处在人们的生活空间中，故要求桥梁建筑造型要达到与环境的协调；其二是桥梁建筑本身由若干部分组成，其各自功能和造型不同，这种差异和变化，必然要在和谐和秩序中得到有机统一，否则不是呆板单调，便是杂乱无章，唤不起人们的美感。桥梁建筑环境设计不是装饰自然，而是希望桥梁建筑同周围自然景色一起发挥作用。一般采用的手法有：①隐蔽法，即尽可能做到藏桥于景中。此法主要用于山区或风景区的小跨径桥梁。②融合法，此法是使桥梁构成新环境的一个要素，组合于周围总体景观和环境的画面中。融合法是常用的方法。③强调法，这是一种突出桥梁建筑，使其成为景观主体的手法，一些城市跨越江河的大桥或特大桥往往属于此类。桥梁结构造型统一，首先要注意各结构部分的协调统一。一般来说，要避免不同结构体系混杂使用，主桥和引桥应是相一致或相近的体系，下部桥墩造型力求简单划一，以免显得杂乱无章。

（2）主从与重点

桥梁建筑从功能特点考虑有主体和附属之分，而从结构受力体系来说，有主要受力构件和次要受力构件之分。主桥与引桥、主孔与边孔、主体与附属存在主从差异，这种差异与对立使桥梁建筑形成一个完整协调的有机整体。

桥梁的主从首先从布孔上考虑。如果一座桥梁有主孔与边孔之分，则主孔不仅跨径大，标高高，而且有时为了适应大跨径而采用不同的结构形式，突出了主孔位置和造型，视觉重点突出引人注意，从而获得主从分明的效果。

斜拉桥、悬索桥的结构图形简洁，主塔将竖向及斜向心力引诱线引向塔顶，形成人们瞩目的重要部位，突出了高耸挺拔、气势夺人的塔作为主体的主导地位，配以轻柔的拉索、无限延伸的水平加劲梁，视觉上主从分明，构成了索结构桥型所独有的形态和美感。

（3）对称与均衡

对称是指以某一线为中轴线，左右、前后或上下两侧建筑同形同量。对称桥梁建筑造型是最常见的表现形式，以桥梁中线为对称轴，桥梁结构对称，孔数相同，跨度及结构尺度均对称。对称的造型统一感好，规律性强，易使人产生庄严、整齐的美感，同时也能照顾到简化施工、降低造价的要求。

均衡则是在非对称的构图中，以不等的距离形成力量（体量）的平衡感。均衡具有变化的美，其结构特点是生动活泼、有动感。有些桥梁受地形、河流主航道、主河槽的影响采用不了对称布置，布孔不对称或结构形式不对称。对于布孔的不对称情况，为了达到造型上的均衡性，可采用斜塔疏密与长度不等的拉索和大小相差悬殊的跨径来调整布孔上的不对称而达到均衡的目的，从而使桥梁从构造、功能和景观得到协调一致的处理。结构的非对称造型处理得当，有时也会产生令人难以料想的效果。

（4）比例与尺度

比例表现桥梁建筑物各部分的数量关系之比，是相对的，不涉及具体尺寸。它包括三个方面的内容：一是桥梁结构各部分本身的三维尺寸关系；二是桥梁结构整体与局部或局部与局部之间的三维尺寸关系；三是桥梁结构实体部分与空间部分的比例关系，也称为虚实比例关系。桥梁建筑中各部分尺寸比，主要服从于结构刚度变形和经济要求，但需使人们从视觉上获得协调匀称及满意的感受。主梁实体部分与桥下空间部分的比例关系是虚实比例关系，在桥下净空或桥面标高要求固定的情况下，可通过调节跨度，进而增加或减少梁高，使桥梁的虚实透视存在一个最佳的比例。

与比例不同，尺度涉及真实尺寸的大小，但是一般又不是指要素真实尺寸的大小，而是指建筑要素给人感觉上的大小印象和实际大小之间的关系。如果两者一致，则建筑形象正确地反映了建筑物的真实大小，如果不一致，则表明建筑形象歪曲了建筑物的真实大小，通常称为建筑物失掉了应有的尺度感。

比例和尺度是密切相关的建筑造型特征，如果一座桥梁某些部位的尺度不当或比例失调，都会影响它的整体形象，只有各部的比例和尺度达到匀称和协调，才能构成优美形象。

（5）稳定与动势

安全稳定是对桥梁建筑最基本的使用要求，同时桥梁建筑必须给人以稳定可靠的感觉，即使在力学上是充分安全合理的，如果给使用者以不安全感觉，就不可能让人感受到其造型之美。所以，只有使人在直观上能感受到桥梁的强度和稳定性时，形式美和功能美才得以在人的心理上产生统一。

桥梁是一个承重结构，人们首要的心理活动是通过视觉看出它是如何承受荷载的，荷载是如何传递的。简洁的承载和传力结构，会形成一个紧凑严密、蕴藏着巨大力量的结构物，任何一座设计合理、造型优美的桥梁都会显示出安静、自信、坚固的形象，给人一种坚定、不可动摇的稳定感。

人们观赏桥梁结构物是多视角的。在桥上高速行驶的车或移动的人，由于视点的变化，使观看到的实际桥梁建筑形象有规律地变化仿佛是桥梁在运动，给人一种动感；当人们在桥外沿着桥梁水平方向目视多跨桥梁，由于其跨越方向的延伸长度要比宽度和高度大得多，自然就会感到桥梁结构上的强烈运动延伸的动势。此外，拱桥外形在纵向与竖向的起伏变化，以及弯桥在水平面的蜿蜒变化，均会给人以深刻的感受。

（6）韵律与节奏

韵律与节奏是重要的造型手法，设计者可以将桥梁构成一个系统的整体，通过有规律的重复或有秩序的变化形成韵律和节奏，激发人们的美感。几乎所有的桥梁结构都具有韵律和节奏的因素，从栏杆设计到灯柱的布置，从结构细部到分孔规律，一般都蕴涵着韵律和节奏的效果。

桥梁建筑韵律形式主要有连续韵律和变韵律。连续韵律为桥梁建筑部分重复连续出现，例如等跨连续拱桥，由于其曲线的造型成动态的趋势、虚实的交替，所以可以形成强烈的韵律感；变韵律则是连续的部分按一定的秩序变化，逐渐加长或缩短、变宽或变窄、变密或变疏等，大跨拱桥上腹拱的变化即是一种渐变韵律，多孔拱桥的重复又形成连续的韵律，形成一种韵律美。某些多跨桥梁，各孔跨径和桥下净高以中孔最大，向两边渐小，形成规律性变化，通过渐变韵律的美学表现，收到赏心悦目的效果。

第二节　桥梁管理体制建设规划

一、公路桥梁养护管理现状

目前，大部分桥梁始建于20世纪60—80年代，限于当时的技术水平和历史条件，桥梁的设计和施工水平不高，留下质量隐患，加上在日趋增大的车辆荷载的作用下，技术状况快速下降，很快由一、二类发展为三、四类甚至五类桥梁，对人民群众的生命财产安全构成了威胁，桥梁垮塌事件也时有发生。桥梁技术状况不容乐观，主要存在以下几个问题：

1. 桥梁疏于养护。在 20 世纪八九十年代，公路养护管理中，重养路面，轻养桥梁的现象十分严重，养护质量考核无桥梁考核项目，目前有的地方仍存在这种情况。

2. 对桥梁检查重视不够。桥梁检查是桥梁养护管理工作中最主要的内容，也是后续决策的依据。现行规定，每月开展一次桥梁经常性检查，但有的管养单位检查粗糙，应付了事。

3. 旧桥技术档案资料缺失，不利于后续桥梁养护管理。部分建于 20 世纪 60—70 年代的桥梁，实行"多快好省"的建设方针，设计单位无资质或无设计图纸，无地基地质资料和施工检测资料，因而给后续桥梁养护管理带来困难。

4. 桥梁养护管理责任单位的责任不明。当桥梁出现病害后，应及时处理，但投资决策部门远离危桥，未意识到桥梁病害的严重性，因而责任意识不强，决策周期长，导致桥梁养护单位无所适从，也无积极性。另外，养护单位桥梁工程师有责无权，责权不统一。

5. 对危桥实行交通管制困难。现行交通行业标准规定，对四类桥实行交通管制，限速限载，对五类桥实行封闭交通。但实践中实施困难，当地群众不理解、地方政府不支持的现象时有发生，车辆强行过桥，桥梁损坏加剧，还可能造成桥塌车毁事故。

6. 车辆超载严重，而且难以管理。厂矿企业超载运输严重，对桥梁造成严重损伤，将缩短其使用寿命。

7. 部分桥梁养护工程师的技术水平难以达到现实要求，桥梁管理水平不高。

二、道路桥梁工程施工管理现状及分析

1. 准备周期有限

在进行道路桥梁建设开始之前，分配给准备工作的时间还是非常有限的，工程的开工时间是非常紧迫的。之所以会出现这种情况，主要是因为这些道路桥梁工程一般都是由政府机构部门承办的，为了减少工程在整个施工过程中给人们生活带来的不便，政府部门不得不命令施工单位抓紧时间进行施工。而施工单位由于时间的紧迫性，难免会对整个施工计划的制定带来不利影响。因此，如何对整个建设周期进行有效的安排是当今承办单位所要考虑的问题。

2. 施工范围有限

许多道路桥梁的施工范围是非常有限的，场地面积比较狭窄，这样在施工的过程中很容易给交通和周边环境带来不利影响，进而影响到人们的正常工作和生活，同样也会提高道路桥梁建设工程的施工难度，不利于对施工质量进行有效的控制。因此，在确定施工范围时，必须要兼顾到各个影响因素，避免整个工程实施的效果是弊大于利的，这样就完全改变了建设的初衷。

3. 施工难度系数大

在进行道路桥梁建设的过程中，需要考虑的因素是非常繁杂的。像地下的供热系统、

电力系统、排水系统等都是道路桥梁建设工程施工过程中需要考虑的因素，这些因素的存在将大大提高施工难度。如果忽略这些影响因素，盲目地施工只会给国家带来更多的经济损失，并且给社会也会带来很多负面影响。如何制定有效的施工计划，充分地考虑到各个影响因素是当今施工单位所要考虑的问题。

4. 建造成本高

计划进行道路桥梁建设首要考虑的问题就是资金的投入。从整体的角度来看，道路桥梁的资金投入量是非常高的，这其中不仅包括施工材料费用的支出，人力费用支出所占比例也是非常大的。在保证施工质量的前提下，如何对施工材料进行最优的选择是施工质量控制工作的重要内容。同时，承办单位还要考虑到施工材料的运输距离，因为这其中也会对施工成本产生一定的影响。

5. 道路桥梁施工管理中存在的问题

（1）工程施工中的问题

（2）施工后经常出现裂缝

道路桥梁施工过程中应用较多的是混凝土材料，而工程完工后往往会出现裂缝，相对于当前的施工技术，裂缝问题是非常普遍的，在这里，我们暂且不谈材料自身特性，就施工人员的表现进行分析：

第一，在工程施工前的配合比试验中，有些施工人员单凭自身经验配比，与国家相关技术规范要求不符。

第二，在混凝土拌和过程中，搅拌不充分或者时间太长，发生了离析，从而对混凝土的强度造成了影响。

第三，混凝土在拆模的时候，没有及时对混凝土进行遮盖，加上养护不及时，造成水分流失而形成裂缝。

（3）钢筋易腐蚀

道路桥梁工程中，钢筋是核心，其一旦发生锈蚀，那道路桥梁的使用寿命就会受到威胁，严重者会给人们的生命财产带来损失。

发生锈蚀的原因有材料、环境、技术等各方面因素。所以说，其较为复杂，需要全面考虑、综合治理。

（4）铺装层脱落

铺装层脱落在道路桥梁工程中是最容易被忽视、同时也是最容易出现问题的环节。铺装层占据的面积虽然不是很大，然而它对于正常的交通运输却有着直接影响。因为施工过程中监管不力，铺装层通常只是面子工程，所以极易有裂缝和脱落现象发生。

（5）城市桥梁的结构病害问题

桥梁结构与城市道路路面结构必须具备较高的强度，从而承受车辆和行人的荷载。同时，对于桥梁结构而言，各个部位的尺寸必须得当，这样才不会出现因承受荷载而产生变形的现象。当前城市桥梁结构问题的主要原因有两个，即设计不合理和原材料质量不合格。

（6）路面与桥梁连接中的问题

道路路面与桥梁两端连接的质量问题往往会影响行人和车辆行驶的安全性，包括道路路面与桥梁两端连接的部位变形沉降，这主要是因为桥梁结构与道路路面结构在刚度方面存在差异。

（7）城市桥梁结构混凝土裂缝问题

城市桥梁混凝土出现裂缝问题主要是因为混凝土的抗拉能力弱、抗压能力较强，裂缝问题对城市桥梁结构造成的危害较大。桥梁裂缝在外界相关因素或过重载荷的作用下慢慢扩大，进而引起一系列的问题，比如钢筋腐蚀、保护层剥落和混凝土碳化，这会严重削弱混凝土的强度和刚度，进而影响城市桥梁结构的安全性和耐久性。

6. 管理问题

（1）施工进度问题

由于受道路桥梁工程项目施工难易程度的影响，导致工程项目施工工期较短，而且施工进度比较宽松，延期完工的工程在我国现阶段是比较常见的。现阶段我国道路桥梁工程的施工任务相对比较艰巨，而且施工难度比较大，在工程施工中变更也比较多，各种影响工程项目施工的不可预见因素频繁发生，为工程项目施工带来了一定的影响，加大了工程施工难度。道路桥梁工程工期存在周期长合同期短的矛盾，工程的施工质量与工程的进度控制也相矛盾，导致工程常常延期完工。

（2）资源配置不尽合理

道路桥梁工程中往往会出现资源配置不合理、资源浪费等一系列问题，给工程的质量带来严重影响。工程建设中的资源配置是保证工程顺利进行及其企业获取利益的有效保障。但是，因为我国道路桥梁工程在技术、采购、管理等方面存在很多不足，所以导致工程成本增加，浪费现象极为严重。

（3）施工人员素质低，责任意识不强

施工技术人员是城市桥梁施工过程的直接参与者。在城市桥梁施工过程中，施工人员的专业水平、技术能力、业务素质和责任意识都会对施工产生很大的影响。施工技术人员只有具备了较高的专业水平和技术能力，才能在施工过程中严格按照施工要求和施工准则进行每一个工序的作业，从而减少施工漏洞出现，保证工程质量。

7. 优化道路桥梁施工管理的主要措施

（1）注意环境方面因素

施工环境是施工安全的基础，施工前要明确通知，有情况及时报告，特别是在夜晚施工作业时，照明装置要齐全，施工车辆进入工地时，一定要注意亮度的要求，避免事故发生。在炎热的夏季或寒冷的冬季，保障工人身体能承受所处作业环境，一旦超过其承受范围，工人就应该停止施工，避免发生人身安全事故，或者由于身体原因造成工程问题等也都要及时避免，否则因小失大，对整个道路桥梁的质量会造成不利的影响。

（2）对施工过程的管理

桥梁质量监察制度对桥梁质量的控制也起着至关重要的作用。必须从多个方面进行考虑，制定出合理并且控制有序的方案。利用所制定的方案对质量进行随时的抽查和监控，对于任何检测不达标的工程，一经发现，绝对不能继续施工，尤其是比较重要和核心的工程部位，必须要做到把质量放在首位。而且还要随时随地不定期地检查，对于各种检测的结果进行公布，那些重点和关键的部位，设置专员进行质量的检查和监督。

（3）对施工的技术管理

在道路桥梁的施工过程中，技术的成熟是施工的重中之重。技术不成熟，不仅会耽误很多时间，浪费很多材料，并且对桥梁质量也有很大的影响。特别是在防范问题和解决问题上，技术的成熟是工程顺利进行的保障，在一些容易出问题的地方要能准确判断，及时查缺补漏，如裂缝多的位置要选取比较好的混凝土等材料进行检修，对结构不坚固的地方要加强保护，这样才能减少各种可能出现隐患的问题，因此施工技术的管理显得尤为重要。

（4）对工程所用材料管理

众所周知，建筑材料在道路桥梁建设中发挥关键作用，为了更好地强化施工的管理，必须保证原材料的合格。因此，需要配备专业的人员进行材料的采购，并且不定期地对施工现场的原材料领用情况进行检查，以防出现偷工减料、浪费材料和调换材料的现象。

（5）对工程进度的管理

一个工程是否能够按时、按要求地完成是管理桥梁工程的重要方面，有关部门要在工作进行前进行各个工序的分析，根据它的需要，综合所有可能影响的因素，确定该工程所需要的时间，并且合理地安排进度，既不能过快，又不能懈怠。而对于工程量大的，不仅要对其实时监控，还得考虑它是不是能按照制定的计划进行，协调在工程进展期间出现的问题，并记录下来，共同研讨，采取一定的解决方法。

（6）针对施工人员的控制

道路桥梁的形成离不开施工人员的支持，他们工作的好坏将直接影响到道路桥梁整体的质量和安全性，因此，做好施工人员的管理工作尤为重要，加强对施工人员的控制是保证施工质量和安全性的重要前提。具体控制内容包括以下两点：第一，针对施工人员的从业资格进行公正的审核，判断他们是否适合施工工作；第二，合格的施工人员要严格按照相关负责人所指定的施工计划进行施工，同样保证后续检验工作的质量，认真做好施工记录，保证施工工作的有序进行。

三、桥梁管理过程中存在的安全问题

近些年来国内外在城市桥梁建设上，涉及安全度和耐久性的问题屡见不鲜，甚至出现危及公众的安全事件。笔者认为如下问题应引起桥梁建设者的高度关注。

1. 已建常规城市桥梁设计标准低，造成安全隐患

我国在20世纪60—70年代修建的桥梁，限于当时的社会经济发展水平，其设计荷载标准较低，而且大部分城市和公路桥梁如今仍在服役，已不适应交通量日益增长的需要，亟待恢复和提高现有旧桥的承载能力及通行能力，延长桥梁的使用寿命，消除交通安全隐患。

我们知道桥梁安全性的评价实质就是其承载能力的评定，它是桥梁可靠性评价的主要内容。通过调查发现，不少城市已建的常规城市桥梁结构（指一般结构）因设计、施工、材料、养护管理、交通荷载的变化以及所在环境的侵蚀、偶然事故等原因所引起桥梁整体或组成它的基本部件，在强度、变形、刚度等方面的损坏而影响桥梁结构在正常使用条件下的安全性和耐久性方面存在相当多的问题。

2. 车辆超载对桥梁结构的损害

近年来车辆严重超载对城市桥梁的安全度和耐久性带来很大的隐患。深圳市北环路，原设计荷载为汽车超20级，挂-120级。但北环路是深圳市连通香港唯一的货运通道。来往于深圳、东莞等地的香港货柜车行驶速度经常为90km/h（原设计车速最高为50km/h），货柜车载重为76~90吨，最高为110吨（原设计荷载超20级重车为55吨重）。因此该市的一座立交桥梁由于超载造成严重破损，影响了正常使用。经采用碳纤维加固主桥梁，并对中墩及桥梁基础进行加固方满足要求。我国华北和华南地区的一些桥梁，由于经常过往超载的车辆（如运煤车，货柜车），所以造成桥梁结构严重受损，其使用寿命大大缩短，甚至出现危及人民群众生命、财产安全的重大隐患。

3. 混凝土品质的变化造成桥梁使用寿命和耐久性降低

在过去的一个时期，人们关注混凝土的质量往往是以单一的强度指标作为标准，导致了我国水泥工业对水泥强度的片面追求。而水泥细度的增加，水泥熟料中早期强度的提高，促使水泥矿物成分含量增大。这些措施虽有利于提高混凝土的强度但不利其耐久性。而混凝土养护不力，以及外部环境的恶化（酸雨等），都对混凝土造成严重腐蚀，造成桥梁使用寿命和耐久性的降低。

自20世纪80年代以来，工程建设领域以提高耐久性为目标，广泛采用高性能混凝土已在世界各地引起人们的广泛重视。桥梁结构从下部结构到上部结构，从中小跨径到大跨径，高性能混凝土得到了广泛的应用，耐久性和结构强度均提高了一倍左右。研究成果表明，高性能混凝土通过增加活性掺料减少水泥用量，具有良好的耐久性、工作性、强度和体积的稳定性。

4. 北方城市桥梁除冰盐对桥梁耐久性产生不利影响

自20世纪70年代开始，我国北方地区（特别是北京城区）为保证冬季雪后道路交通畅通，在立交桥梁上为融化冰雪大量采用除冰盐。通过调查发现，使用10~20年左右的桥梁，除冰盐对桥梁结构的钢筋产生严重的腐蚀，使用不到10年的桥梁，在氯离子影响范围，钢筋也处于锈蚀状态。由于我国北方冬季气候非常干燥，使用除冰盐后，盐水很容易

进入结构混凝土中而达到饱和,当外界环境非常干燥时,混凝土中的水流方向发生逆转,纯水通过混凝土的毛细孔向外蒸发,混凝土内部的盐分浓度增加,又使其向混凝土内部扩散,并形成恶性循环。据调查,除冰盐引起的钢筋锈蚀是北方城市桥梁结构破坏的重要原因。按照欧洲国家对混凝中钢筋腐蚀速度的研究成果,钢筋开始锈蚀至破坏的时间约为总寿命的 1/3,而北京的不少立交桥梁的使用寿命受除冰盐的影响,远远不能达到人们对桥梁结构预期寿命的要求。部分城市推广的新型除雪剂仍含有盐分,对桥梁耐久性亦造成不利的影响。

5. 桥梁结构防水不当影响结构的安全性和耐久性

从 20 世纪 90 年代初,人们对城市桥梁防水技术开始关注并进行专题研究(北京从首都机场高速公路开始,上海从南浦大桥开始)。主要是城市桥梁漏水对桥梁结构腐蚀十分严重,严重影响桥梁的使用寿命。不少城市桥梁不做防水或防水不利造成桥面渗水、钢筋锈蚀、铺装层剥落、碱——骨料反应等,引起混凝土胀裂等严重损坏问题,严重影响了桥梁的耐久性和正常使用寿命,以及行车的舒适性和安全性。

6. 施工监测不利产生的影响

桥梁施工监测是针对工程施工过程中结构的关键部位对主要施工方法及关键技术进行的控制。加强对施工过程中的监测控制,是保证桥梁结构安全可靠、确保工程质量的必要措施。城市桥梁设计中应充分考虑施工过程的变化情况(如构件运输、体系转换、振动荷载等),并应满足正常使用的需要。如果未充分考虑桥梁的结构储备和体系形成的各种不利因素,将桥梁结构视为正常使用情况的结构,会产生十分不利的问题或危及桥梁结构的安全,这方面的经验、教训在国内外的建桥史上屡见不鲜。城市桥梁(特别是大跨径城市桥梁)的施工监控问题,是桥梁建设中十分重要的问题,关系到其结构安全度和耐久性。譬如,悬索桥的施工特点是一旦主缆安装就位,主缆内力、挠度则完全取决于结构体系的形成过程,索鞍和塔顶及主梁之间相互连接情况、结构自重、施工荷载和温度场变化过程,因为后期将无法人为地再调整主缆内力和位型。因此在悬索桥的施工中,控制主缆无应力下料长度。主缆在自重作用下的初始安装位置(初始垂度和线型)、索鞍初始预偏量的计算等将成为悬索桥施工过程计算的关键。必须根据实际观测结果经分析、识别得到结构实际参数,并计算和调整各施工阶段控制点标高位移量、内力和应力的理论值,这是悬索桥施工监控的重要环节,若施工监控不力则后患无穷。又如斜拉桥施工中必须建立监测系统,一切施工步骤都必须按预定的程序严格执行。施工过程中(如混凝土斜拉桥的现浇工艺)每个步骤的内力和变位都是可以预报的,因此应不断进行监测,并提高预报的可靠性,这也是一个安全警报系统。如果预报与实测值相差较大,必须停工检查,分析原因,以确保桥梁结构的安全。这方面的实例是相当多的,这里不再赘述。

7. 桥梁结构新发展所带来的问题

近些年来,我国城市桥梁(主要是立交桥梁)因交通功能需要,各大中城市在修建道路立交桥梁时,采用了一批弯桥、坡桥、斜桥、独柱弯桥及异型结构(如点支承的异型平板桥），反映了我国城市立交桥梁结构的新发展。由于我国尚未有成熟的设计规范来指导设计，致使一段时间不少城市桥梁出现了问题。如深圳连接笋岗西路和泥岗西路的一座立交桥梁的匝道桥，已建成开通车两年，其主联连续梁于当年6月上旬突然发生梁体变位。全联连续梁在各墩位均有不同程度的切向、径向和扭转变位。其中端部扭转角达2.42°，最大水平位移为22厘米，最大径向位移为47厘米。该立交桥梁经加固（主梁抬起、平移复位、加固约束）后，改变了原来的结构体系。桥梁加固投入了大量资金。究其原因，主要是其桥较长，抗扭跨径较大，在温度力长期反复的作用下，随着结构发生侧向水平位移翻转的时间增加。因此结构的横桥向累计位移是造成梁体水平位移及翻转变化的重要因素，而人们事先对此问题的认识是不够的。过去一段时间，在城市桥梁建设上曾一度出现单纯追求结构上轻巧、单薄的倾向，严重影响其耐久性。此外，我国部分城市的独柱支承预应力弯桥发生支座脱空的现象也比较严重，主要原因是对预应力钢束产生的扭矩认识不足，结构计算分析中未计入预应力对扭矩的影响；支座预偏心设置和支承体系设计不合理；设计中对长期荷载，特别是对温度力、制动力、收缩、徐变引起的平面外水平变位认识不足，水平限位措施不力等，导致了上部结构在长期荷载作用下的"水平爬行现象"。由于不少独柱弯梁桥的部分支座脱空现象，对其结构的安全度和耐久性等将产生十分不利的影响。

此外，城市桥梁的支座由于橡胶老化（板式，圆板式和盆式支座），如何进行支座的更换和不少地方的建设方（业主）在工程招标中追求低价选择中标方以及桥梁建设中设计、施工等配合不力，都对城市桥梁的安全度和耐久性产生严重影响，亦应引起我们的高度关注。

四、工程质量监督的重要性

1. 城市桥梁工程质量监督管理的内容

城市桥梁工程质量监督管理的工作内容主要包括：执行法律、法规和工程建设强制性标准的情况；抽查主要材料、构配件的质量；抽查工程建设各方主体行为和工程实体质量；对工程竣工验收进行监管；组织或参与工程质量事故的调查处理；向建设行政主管部门提交质量监督报告。

2. 城市桥梁工程质量监督管理的作用

城市桥梁工程的质量不仅关系着该工程项目承建企业的利益和信誉，同时更关系着人民群众的出行安全。在市政项目中，道路和桥梁工程的质量影响着当地政府建设资金的有效利用，而在私营项目中，道路和桥梁工程的质量更是直接关乎着施工企业的生死存亡，严重影响着企业的长远发展和人们的生命财产安全。因此，建筑工程质量监督管理是工程项目建设中必不可少的工作。建筑工程质量监督部门从工程项目办理质监手续开始，对工程的建设准备、建设实施和竣工验收等工作及所涉及的对象主体必须进行监督、控制和约束，且监督工作涉及建设工程项目生产活动工程项目竣工验收的全过程。当监督人员发现工程中存在的质量问题时，应督促施工方整改，保证建设工程项目的最终质量。

城市桥梁安全性和耐久性的问题已引起人们的高度重视。近年来，国内外发生不少桥梁倒塌事故，很多是非正常设计和非正常施工造成的，其中包含着工程建设出现的腐败现象（如重庆綦江虹桥倒塌事故），亟须加强法治，严格执行基建程序，确保工程质量。国外专家曾说过："规范的超载系数，绝不可能达到足以防备设计可能的大错误，但是许许多多的中小错误都可以用规范的超载系数来防备。规范是分析、设计和偏于安全的思路的结合。"城市桥梁结构的安全度与耐久性是一对孪生兄弟，需慎重研究，统筹考虑。近些年我们面临的情况是：桥梁结构安全问题虽已受到重视，但各种事故却时有发生；耐久性常被忽略，且潜伏着不安全的隐患，影响着桥梁结构的使用年限。

相关对策措施如下：

①提高常规混凝土（<C40级）的品质

由于我国还是一个发展中国家，地域广阔，经济发展很不平衡，常规混凝土仍广泛应用，因此应依据使用条件对混凝土的各项性能指标及结构构造提出具体要求。如水灰比的控制要求，混凝土的抗冻性、抗渗性能要求，保护层厚度要求，裂缝控制要求，设计使用寿命期间受到氯离子侵害保护措施。并在施工期间，严格控制原材料质量和生产程序，从而减少混凝土性能上的变异，提高混凝土的品质及整体质量，以确保桥梁结构的安全度和提高耐久性。

②应加快我国高性能混凝土的研究和推广应用

高性能混凝土具有高工作性、高耐久性、高尺寸稳定性和高强度以及高抗氯离子渗透性能；为延长桥梁结构的使用寿命，应积极推广高性能混凝土和高强钢材，以达到提高混凝土强度并加快其硬化过程的目标，提高混凝土的耐久性。我国工程建设领域，特别是桥梁工程应将高性能混凝土的研究和推广应用作为确保桥梁结构安全和提高耐久性的重要对策措施。

③进一步完善桥梁结构耐久性的构造设计

在材料、环境等因素相同的条件下，不断完善桥梁结构的混凝土耐久性设计，将减少正常维修费用并延长结构使用寿命，譬如加大混凝土保护层的厚度，延缓钢筋钝化膜的破坏，延迟氯化物对钢筋的腐蚀。适当加大桥梁结构的结构尺寸，解决配筋密度过密时造成的混凝土浇筑困难，骨料分布不均匀，混凝土密实度下降等；并提高桥梁防撞能力，以确保防撞系统与主体结构的耐久性。

④加快桥梁结构防水规范的编制和应用

近年来桥梁建设者已取得共识，城市桥梁防水的设计和施工对其安全度和耐久性至关重要。因此急需编写有关标准和规范，对设计人员提出具体的技术要求，规范设计和防水施工的关键环节。应进一步改进我国桥梁防水结构设计，充分认识到桥梁结构自身防水功能是解决桥面漏水问题的症结所在，在构造设计上应充分考虑桥梁的耐久性要求，提高结构的防水性能和功能，从砼材料的选择和施工技术方面进行研究。要提高砼本身的密实程度，抑制和减少砼内部孔隙的产生，堵塞和杜绝渗水的通道，使外部水分无法渗入材料的内部。同时对砼外加剂也应进行系统的研究。目前不少桥梁施工采用早强剂，产生大量水化热，增加砼干缩裂及徐变带来次应力影响等，对此应予以充分的重视，并采取相应的对策措施。积极研制和开发适合桥梁结构施工和工作环境专用的防水材料，适应桥梁工作环境，具有较高的强度和优良的防水性、延伸性、抗裂性，能适应车辆荷载温度变化等作用下产生的变形；要具有良好的高温耐热、耐寒性能，能适应较大的温度变化；要具有良好的粘接性、抗剪切性和抗疲劳性，能使防水材料与桥梁主梁砼和桥面铺装间有可靠的连接；还应满足防水施工工艺，简单、便于掌握、造价适中、运输和储存方便，并确保防水质量。

⑤加强新型复合材料的研究和推广应用

自 20 世纪 80 年代以来，以提高耐久性为目标的新型复合材料在桥梁建设中得到广泛应用。如纤维加劲塑料（FRP），它具有抗海水、抗酸、抗磷等腐蚀的优点，其强度又大于高强钢丝。一些发达国家对 FRP 在桥梁建设中的应用进行专题研究开发，发展了各种 FRP 力筋体系、FRP 板材和卷材，建成了一些 FRP 桥及 FRP 力筋的预应力混凝土桥和斜拉桥。我国应积极开展 FRP 在桥梁工程中的应用研究工作，在高效优质补强旧桥和易腐蚀的桥梁单向受拉件中以 FRP 代替钢材。

⑥重视特殊环境下的钢筋混凝土的防护

特殊环境的桥梁（如处于海洋环境下），由于海水中氯离子浓度较高约为 19000m/L，钢筋极易受腐蚀。主要是处于浪溅区的钢筋混凝土易发生钢筋腐蚀破坏，其次是水位变动区和大气区。需在材料技术上采取相应对策措施。1）采用环氧涂层钢筋；2）采用阴极保护技术；3）采用混凝土表面涂层技术；4）采用不同的外加剂，如高效减水剂、泵送剂、缓凝剂，以及外加阻锈剂防护等。

⑦加强对城市弯、坡、斜、异型桥梁及大跨径城市桥梁（斜张桥、悬索桥、刚构桥及拱式桥）安全度及耐久性的研究。

应针对以往存在的问题，采取相应的对策措施，确保城市桥梁结构的安全性、稳定性和耐久性。要修订和完善城市桥梁相应的设计规范及施工规程；加强对城市弯、坡斜桥和异型桥梁及大跨径城市桥梁安全度及耐久性的研究，以满足设计和施工符合耐久性的要求，确保桥梁结构的正常使用。

⑧加强国内、国际城市桥梁结构安全度和耐久性问题的学术交流。

应不断搜集和了解国外该领域的发展动态，总结正反两方面的经验教训，树立技术创新观念，重视城市桥梁结构安全度和耐久性问题研究和成果转化，发挥科研、材料、设计、施工、管理等各方面的积极作用，开展学术交流，共同携起手来，不断探讨大家共同关心的问题，推动我国桥梁事业的发展，促进我国桥梁建设的技术进步。

第三节　桥梁的检测评估规划

中国加入世界贸易组织之后，国内市场与国际市场实现了真正的接轨，很多企业在因此获得了无限商机的同时，其市场风险也随之加大。我国的建筑行业中，很多管理方法与制度的建立较之国外发达国家还比较落后，这就为国际竞争力的提升带来了巨大的压力。面对这一生死存亡的关键时刻，桥梁建设的管理改革已经迫在眉睫。

桥梁的管理对于工作人员的专业性、科学性以及实践性要求都是非常高的，其施工的质量直接影响到整体工程项目的质量好坏。以下针对桥梁建设的施工管理现状进行分析。

一、桥梁施工现场安全管理规定

（一）坚决执行安全第一的原则，做好预防工作

无论任何时候，人的生命安全永远都应该是第一位的，与其在施工的过程中进行紧急救助措施，还不如提前做好预防工作。作为单位的管理人员，应该积极地对施工人员进行安全意识教育，使其在施工过程中，时刻保持高度的安全意识。要时刻谨记"责任重于泰山"，"防患于未然"。并且，管理人员要将责任落实到每一个具体的人员身上，实行责任全权负责制，避免出事后互相推诿。

（二）增强科学性施工管理

要想真正地做好公路桥梁施工现场的生产安全管理工作，最关键的一点就是要有先进、科学的施工标准与操作规程，在我国目前大多数的建筑企业项目管理体制中，施工安全管理制度的建立都是经过对施工现场多次调查结合相关的施工经验后，由专业人士多次研究才制定出来的，其具有很高的科学性和系统性。因此，在施工的过程中，要严格遵照相关的安全章程进行，只有这样才能确保科学施工，保证人员与财产安全。

（三）注重主动管理，自觉遵守安全生产规章制度

抓好施工现场的安全管理，其主体是跟踪安全生产动态，监督安全生产的全过程。由于生产事故一般都具有偶然性、不可预见性，因此，必须要主动，提前做好施工安全管理工作，做到时时警惕、时时防范，人人都有防范意识，在施工管理过程中，做到安全工作与管理同步，所有进入施工现场的施工员工都要有高度的自我防范意识，自觉遵守各项规章制度，切不可马虎大意，做到时时谨慎，领导要加大监督检查力度，坚决制止违章作业、违章指挥，从而做到安全管理、有效控制。

二、公路桥梁建设工程施工管理的核心

项目管理及控制是一项系统工程，所谓控制就是遵循施工前的计划目标，跟踪检查系统的各个部分，从而保证总体目标的实现。其主要任务是将计划的实际执行情况与计划的预定目标相比较，然后仔细分析对比结果，找出不同之处，排除妨碍，继而实现总体的既定目标。因此，我们可以说，公路桥梁建设工程施工管理的核心主要在于施工项目的质量控制、成本控制以及进度控制。

1. 加强施工项目的质量控制

公路桥梁建设的施工质量控制是一个动态的过程，是一个不断变化的过程，加强施工项目的质量控制要在责任人或总工程师的带领下，在现场监理工程师的具体指导下，在质量检查人员的亲自检查中，仔细分析、严格考核，做到事前、事中控制，确保工程质量。要严把工程竣工验收，在施工的整个环节中，工程竣工验收是工程质量的最后一关，在验收前，基建部门应与承建单位率先自检验收，然后，再组织使用单位，设计单位、以及建设管理等部门对工程进行严格验收，如存在质量问题要及时整改，以确保工程质量。

2. 加强施工项目的成本控制

公路桥梁建设工程施工项目管理的最终目标是要达到消耗低、工期短、安全好、质量高等目标，而成本是这四项目标经济效果的总反映。因此，施工项目成本是公路桥梁建设工程施工项目管理的核心，要做到施工项目成本的有效管理，必须做好施工前、施工阶段及竣工阶段的成本管理。施工前：做好科学合理的施工方案，进行成本预测，根据项目建设的时间及人数编制工程项目预算；施工阶段：加强管理施工任务单和限额领料单，验收每一个分部分项工程，保证结算资料绝对正确，如出现成本差异，要及时分析差异产生的原因，并及时采取措施加以改正；竣工阶段：及时办理工程结算，做好工程保修，并做好工程保修计划费用，以此作为控制保修费用的依据。

3. 加强施工项目的进度控制

公路桥梁建设工程施工进度可按月、季度、年度进行分解，然后通过使用实物工程量表示，以便项目管理者能明确对承包单位的进度要求，监督其实施，检查其完成情况。如果进度目标越细，计划期越短，就越有利于采取措施纠正进度偏差，在有计划的指导下，自上而下地对长期目标和短期目标执行逐级控制，逐渐接近总目标，最终达到公路桥梁建设工程项目的竣工的既定目标。

三、抓好施工现场安全管理制度的落实

（一）加强施工人员入场教育制度的落实

现场安全管理的第一道关口就是施工人员的入场教育，它是现场施工能否顺利进行的保障。入场教育要循序渐进、长抓不懈、分级进行，对新工人要先教育，使其了解施工特点后再上岗，对施工人员、项目经理等要加强职能安全教育，做到全员严格遵守操作规程，严肃劳动纪律。

（二）加强施工现场培训制度的落实

安全培训是对现场施工人员进行入场教育的继续教育，可采用"分阶段，有重点"的方式进行，采取不同方法、有效措施，聘请专家授课，或在施工现场进行安全教育宣传，从而达到培训的目的与要求，所有人员必须经过培训后才能上岗，否则不予上岗。

四、桥梁工程档案资料管理

（一）档案管理

1. 桥梁工程档案工作应贯穿于桥梁工程建设程序的各个阶段。即从桥梁工程建设前期就应进行文件材料的收集和整理工作；在签订有关合同、协议时，应对桥梁工程档案的收集、整理、移交提出明确要求；检查桥梁工程进度与施工质量时，要同时检查桥梁工程档案的收集、整理情况；在进行项目成果评审、鉴定和桥梁工程重要阶段验收与竣工验收时，要同时审查、验收工程档案的内容与质量，并做出相应的鉴定评语。

2. 各级管理部门应积极配合档案业务主管部门，认真履行监督、检查和指导职责，共同抓好桥梁工程档案工作。

3. 项目法人对桥梁工程档案工作负总责，须认真做好自身产生档案的收集、整理、保管工作，并应加强对各参建单位归档工作的监督、检查和指导。

4. 勘察设计、监理、施工等参建单位，应明确本单位相关部门和人员的归档责任，切实做好职责范围内桥梁工程档案的收集、整理、归档和保管工作；属于向项目法人等单位移交的应归档文件材料，在完成收集、整理、审核工作后，应及时提交项目法人。项目法人应认真做好有关档案的接收、归档和向流域机构档案馆的移交工作。

5. 工程建设的专业技术人员和管理人员是归档工作的直接责任人，须按要求将工作中形成的应归档文件材料，进行收集、整理、归档，如遇工作变动，须先交清原岗位应归档的文件材料。

6. 桥梁工程档案的质量是衡量桥梁工程质量的重要依据，应将其纳入工程质量管理程

序。质量管理部门应认真把好质量监督检查关，凡参建单位未按规定要求提交工程档案的，不得通过验收或进行质量等级评定。

（二）归档与移交要求

1. 桥梁工程档案的保管期限分为永久、长期、短期三种。长期档案的实际保存期限，不得短于工程的实际寿命。

2. 桥梁工程档案的归档工作，一般是由产生文件材料的单位或部门负责。总包单位对各分包单位提交的归档材料负有汇总责任；各参建单位技术负责人应对其提供档案的内容及质量负责；监理工程师对施工单位提交的归档材料应履行审核签字手续，监理单位应向项目法人提交关于工程档案内容与整编质量情况的专题审核报告。

3. 桥梁工程文件材料的收集、整理应符合规定。归档文件材料的内容与形式均应满足档案整理规范要求。即内容应完整、准确、系统；形式应字迹清楚、图样清晰、图表整洁；竣工图及声像材料须内容清楚，签字（章）手续完备，归档图纸应按要求统一折叠。

4. 竣工图是桥梁工程档案的重要组成部分，必须做到完整、准确、清晰、系统、修改规范、签字手续完备。项目法人应负责编制项目总平面图和综合管线竣工图。施工单位应以单位工程或专业为单位编制竣工图。竣工图须由编制单位在图标上方空白处逐张加盖"竣工图章"，有关单位和责任人应严格履行签字手续。每套竣工图应附编制说明、鉴定意见及目录。施工单位应按以下要求编制竣工图。

（1）按施工图施工没有变动的，须在施工图上加盖并签署竣工图章。

（2）一般性的图纸变更及符合杠改或划改要求的，可在原施工图上更改，在说明栏内注明变更依据，加盖并签署竣工图章。

（3）凡涉及结构形式、工艺、平面布置等重大改变，或图面变更超过1/3的，应重新绘制竣工图（可不再加盖竣工图章）。重绘图应按原图编号，并在说明栏内注明变更依据，在图标栏内注明"竣工阶段"和绘制竣工图的时间、单位责任人。监理单位应在图标上方加盖并签署"竣工图确认章"。

5. 桥梁工程建设声像档案是纸质载体档案的必要补充。参建单位应指定专人，负责各自产生的照片、胶片、录音、录像等声像材料的收集、整理归档工作，归档的声像材料均应标注事由、时间、地点、人物等内容。工程建设重要阶段，重大事件、事故，必须要有完整的声像材料归档。

6. 项目法人可根据实际需要，确定不同文件材料的归档份数，但应满足以下要求：

（1）项目法人与运行管理单位应各保存1套较完整的工程档案材料（当二者为一个单位时，应异地保存一套）。

（2）工程涉及多家运行管理单位时，各运行管理单位则只保存与其管理范围有关的工程档案材料。

（3）当有关文件材料需由若干单位保存时，原件应由项目产权单位保存，其他单位保存复制件。

（4）当桥梁工程为重要工程时，项目法人应负责向流域机构档案馆移交一套完整的工程竣工图及工程竣工验收等相关文件材料。

7. 工程档案的归档与移交必须编制档案目录。档案目录应为案卷级，并须填写工程档案交接单。交接双方应认真核对目录与实物，并由经手人签字、加盖单位公章确认。

8. 工程档案的归档时间，可由项目法人根据实际情况确定。可分阶段在单位工程或单项工程完工后向项目法人归档，也可在主体工程全部完工后向项目法人归档。整个项目的归档工作和项目法人向有关单位的档案移交工作，应在工程竣工验收后三个月内完成。

（三）档案验收

1. 桥梁工程档案验收是桥梁工程竣工验收的重要内容，应提前或与工程竣工验收同步进行。凡档案内容与质量达不到要求的桥梁工程，不得通过档案验收；未通过档案验收或档案验收不合格的，不得进行或通过工程的竣工验收。

2. 各级行政主管部门组织的桥梁工程竣工验收，应有档案人员作为验收委员参加。

3. 大中型桥梁工程在竣工验收前要进行档案专项验收。其他工程的档案验收应与工程竣工验收同步进行。档案专项验收可分为初步验收和正式验收，初步验收可由工程竣工验收主持单位委托相关单位组织进行；正式验收应由工程竣工验收主持单位的档案业务主管部门负责。

4. 桥梁工程在进行档案专项验收前，项目法人应组织工程参建单位对工程档案的收集、整理、保管与归档情况进行自检，确认工程档案的内容与质量已达要求后，可向有关单位报送档案自检报告，并提出档案专项验收申请。

档案自检报告应包括：工程概况，工程档案管理情况，文件材料的收集、整理归档与保管情况，竣工图的编制与整编质量，工程档案完整、准确、系统、安全性的自我评价等内容。

5. 档案专项验收的主持单位在收到申请后，可委托有关单位对其工程档案进行验收前的检查评定，对具备验收条件的项目，应成立档案专项验收组进行验收。档案专项验收组由验收主持单位、国家或地方档案行政管理部门等单位组成。必要时，可聘请相关单位的档案专家作为验收组成员参加验收。

6. 档案专项验收工作的步骤、方法与内容：

（1）听取项目法人有关工程建设情况和档案收集整理、归档、移交、管理与保管情况的自检报告；

（2）听取监理单位对项目档案整理情况的审核报告；

（3）对验收前已进行档案检查评定的桥梁工程，还应听取被委托单位的检查评定意见；

（4）查看现场（了解工程建设实际情况）；

（5）根据桥梁工程建设规模，抽查各单位档案整理情况；

（6）验收组成员进行综合评议；

（7）形成档案专项验收意见，并向项目法人和所有会议代表反馈；

（8）验收主持单位以文件形式正式印发档案专项验收意见。

7.档案专项验收意见应包括以下内容：

（1）工程概况。

（2）工程档案管理情况。

1）工程档案工作管理体制与管理状况。

2）文件材料的收集、整理、立卷质量与数量。

3）竣工图的编制质量与整编情况。

4）工程档案的完整、准确、系统性评价。

（3）存在问题及整改要求。

（4）验收结论。

（5）验收组成员签字表。

五、桥梁养护管理制度

（一）养护工区桥隧职责

1.依据交通运输部、交通厅、省高管局及管理处养护科等相关文件要求，贯彻"预防为主、安全至上"的工作方针，规范和加强张涿高速保定段高速公路的桥梁养护管理工作，使所管养路段桥梁总体技术状况经常保持良好的运行状态、保证行车畅通、安全，避免发生桥梁坍塌等重大安全事故。

2.负责贯彻各项桥梁养护管理制度，落实桥梁养护管理的各项技术工作。

3.负责养护工区所管养路段的桥梁日常巡查，经常性检查工作，配合桥梁工程师及桥梁专家对存在病害的桥梁进行检测，配合检验机构对所辖路段桥涵构造物进行定期检查及桥涵构造物的技术状况评定。

4.负责所管养路段桥梁的日常养护管理工作，并组织实施桥梁病害的维修处理及桥梁病害处理工作的质量控制、进度管理、检查验收等工作，在例行桥梁的各项检查过程中，对于一、二类桥梁病害应在次日及时组织维修处理，并在规定的时限内完成；对于病害桥梁（三类及以上）要一一进行检查，并提出桥梁养护意见，及时上报管理处。

5.负责桥梁加固维修等桥梁专项工程的施工现场管理、工程质量控制、工程进度管理、工程检查验收等相关工作。

6.负责桥梁图纸及相关文献资料工具书等资料的保管，负责桥梁技术档案、数据库的建立和完善等工作，并对桥梁管理系统进行维护、管理，对检查数据进行定期更新。

7.负责对所有大桥、特大桥设立和维护永久性观测点，进行定期、定位观测，对存在重要病害的桥梁每月观测一次，对数据稳定、未发现重要病害的桥梁每年观测一次，并认真填写"桥梁永久性控制检测点数据表"。

8. 负责桥梁检测工具的保管、维护、校核，负责桥梁检测车视频传输系统的维护、管理等工作。

9. 负责特殊时期桥梁管护工作，特殊时期或紧急情况应根据上级桥梁管理单位的相关要求对桥梁进行专人看护，确保特殊时期桥梁的安全畅通。

10. 每月2日前将上月《高速公路桥梁养护状况动态月报表》上报养护科。

11. 根据桥梁定期检查出具的年度桥梁技术状况报告，每年12月28日前将养护工区年度《桥梁技术状况报告》上报养护科。

（二）桥梁养护工程管理

1. 桥梁养护分为小修保养、专项工程、大修或改建工程。对技术状况为一、二类的桥梁应加强小修保养，防止出现明显病害。对技术状况为三类的桥梁应及时进行专项维修，防止病害加快扩展，影响桥梁安全运营。对技术状况为四类和五类的桥梁，应及时采取管理措施，保证安全。并依据桥梁特殊检查结果和技术论证分析，安排大修或改建。制定有关安全管理规定，明确警示标志的设置位置形式、数量，以及采取的相应管理措施。

2. 桥梁小修保养、大中修及专项工程按照《小修保养工程管理办法》《大中修（专项）工程管理办法》组织实施。

3. 大修、改建工程应通过竞争方式选择施工单位，并视工程具体情况推行招标投标制度。情况特殊不进行招标投标的项目，应对被委托人的资质、业绩和信誉等有关情况进行审查。

4. 落实桥梁小修保养、专项工程、大修或改建工程资金。

5. 桥梁专项、大修或改建工程完工后，应按照相关规定进行验收。工程实施后的桥梁技术状况必须恢复至一、二类。

6. 采取有效措施，加强桥梁养护工程的施工管理。对需要封闭交通或长时间占用行车道施工的桥梁养护工程，除紧急情况外，应在项目开工前15天发布相关信息。高速公路的断交施工信息应及时按规定上报交通厅备案。

7. 桥梁养护工程施工单位应按照相关规定，合理布置设施工作业区，设置标志和安全防护设施，保证施工车辆、人员和过往车辆的安全，必要时还应协助有关部门做好交通疏导工作。

第四节 桥梁日常管理及维修加固规划

半个多世纪来，伴随着国家经济建设和交通事业的飞速发展，我国建成了许多不同结构形式的大跨径悬索桥、斜拉桥、拱桥和连续梁桥等,与此同时,公路交通量急速增长,大型载重车辆越来越多,对公路桥梁的通行能力要求也越来越高。然而,桥梁建成通车以后会逐步自然老化,加上损伤累积、车辆荷载的不断增加、环境条件中不利因素的影响以及养护维修欠缺,使得既有桥梁结构的安全度和耐久性不断地下降,运营状况不能满足规定功能要求的问题十分突出。通过调查发现,大量低等级公路甚至是新建的高等级公路上的桥梁在使用过程中暴露出许多缺陷和问题,主要包括桥面铺装层破损、结构开裂、钢筋锈蚀、混凝土侵蚀和老化、横向连接破坏、支座损坏、墩台以及地基承载力不足等等。大多数损伤的桥梁仍可保证正常的通车运营,也有许多损伤的桥梁虽然在使用,但已存在一定的安全事故隐患,另外还有一些损伤严重的桥梁只能限载或停止通车。由于大部分旧桥的设计与施工文件大多散失、实际标准混乱、混凝土强度低、施工质量差、病害严重,因此,对道路运输安全是潜在的隐患。若要更换这些旧桥,不但耗资巨大,还要封闭交通,为我国的国情与财力所不容许,合理的办法应该是对桥梁的运营状况、损伤程度、承载潜力等问题在正确的检测、科学的评估的基础上采取相应的对策。因此,对服役桥梁的承载能力进行科学的评估,确定桥梁结构的真实技术状况,为公路桥梁管养单位提供切实可行的抉择依据,进而采取合理的加固补强方法来恢复、提高承载能力,是目前各国均十分关注的一个重大问题,也是目前桥梁工程界研究的热点问题。

一、桥梁检测评估国内外研究现状

国外一些工业发达国家,早在 20 世纪 80 年代起,桥梁工程的重点已不再是新桥建设,而是转移到旧桥的养护维修、检测评估和加固改造方面,并已经取得了长足的发展。英国工程师协会(ISE)发表了《既有结构的评估》;西方 24 个国家参加的国际经济合作与发展组织(OECD)召开了"关于道路桥梁维修管理国际会议"。召开的"国际桥梁结构会议",召开的"第十七届国际道路会议"上,都有关于桥梁的安全性评估、检查与维修加固等方面的论文报告,提出了"桥梁检查""桥梁承载能力的鉴定""桥梁养护"等多篇有价值的论文报告。

我国对于旧桥的利用与改造也给予了极大的重视,并积极开展桥梁评估方面的研究工作,逐步积累资料和经验。我国根据交通运输事业发展的需要,开始了旧桥检测、评估与加固或改造方面的试验研究工作,公路桥梁界颁布了基于设计规范的桥梁承载能力鉴定文件,并在现有桥梁的验算分析、检测技术、综合评估及其技术改造标准等方面进行了大量的试验研究工作,取得了实用的成果。桥梁检测是一项实践活动,它自始至终都和理论分析保持密切的联系。由于分析时采用的结构模型在设计上存在局限性,对真实结构所采取的简化措施如结构模型自重的模拟,对作为复合材料的混凝土的非线性本构关系的处理、局部构造细节的忽略等因素,使得模型试验结果常常与理论分析结果相差甚远,尤其在成桥后的通车鉴定中,这两者差别更大。因此,通过设计理论来指导桥梁检测,而检测结果又反过来促进设计理论的完善，二者相辅相成，缺一不可。

我国公路桥梁检测评估技术体系的现状：桥梁检测评估，是指通过技术检测，对桥梁承载能力进行评定，并对运营使用情况做出评价的技术体系。

广泛应用于工程实践的桥梁检测评估方法，主要有规范评价法、结构计算法、荷载试验法。在科研探索阶段的还有层次分析法、模糊分析法、基于结构可靠度的分析法、灰色理论评价法等。这些方法虽然基础各异，但都是将现场检测的结论和数据，量化地带入评估体系，得到评定结论。在多年的工程实践中，规范评价法、结构计算法、荷载试验法以其相对理论简单实际、操作方便易行、结果直观可靠的特点在桥梁检测评估领域广泛应用。以上三种方法，因其适应的需求不同，有其各自的使用范围。

规范评价法，适用服务于大规模整条路或整个区域的桥梁管养工作，在国内被广泛应用。首先对桥梁外观进行现场检测，主要指定期检测和特殊检测，对桥梁各构件分级评判，进而通过权重指标体系，进行桥梁整体评级。当结构验算不足以确定桥梁的承载能力时，还可以采用静载试验和动载试验来鉴定桥梁的承载能力。

目前，这些桥梁检测、试验技术手段和评价体系，主要应用目标为在役旧桥、设计施工存在缺陷的旧桥和承载能力不足的桥梁，广泛服务于全国桥梁检测、评估、维修、加固工程实践，取得了良好的社会效益和经济效益。但是，针对突发性事故和灾害对桥梁造成的损伤，如何进行快速诊断评估；针对特殊用途特殊结构的桥梁，如何进行检测评估；针对恶劣自然环境下的桥梁，其耐久性损伤特点如何在检测评估体系中体现等实际问题的研究还很不完善。因其主要为个别案例，发生概率很小，故针对性的研究很少，在现有规范体系中，也未有涉及，这些将是未来桥梁检测评估体系研究的一个前沿和重点领域。

实践证明，桥梁的检测、评估是一项既综合繁杂，又在不断发展创新、逐步完善的技术，是当今土木工程界所共同关心的热点问题之一，也是桥梁建设可持续发展的一个重要组成部分和关键技术之一。

二、桥梁检测、评估的内容

我国传统的桥梁检测内容较多，主要是包括外观检查和动静载试验。

1. 外观检查。外观检查按桥梁的构件分为：桥面系的外观检查、桥梁上部结构检查、支座的检查、墩台的检查、墩台基础的检查；按检测对象分为：裂缝的检查、混凝土碳化深度的检查、混凝土强度的检查、钢筋锈蚀的检查、混凝土保护层厚度的检查以及钢筋的分布等。

2. 动静载试验。桥梁结构的动力试验研究桥梁结构的自振特性和车辆动力荷载与桥梁结构的联合振动特性，其测试数据是判断桥梁结构运营状况和承载特性的重要指标。众所周知，桥梁在设计时，要避免外界的强迫振动源，如风、车辆等的频率与桥跨结构的自振频率等，否则会引起过大的共振振幅危及桥梁的使用安全。同理，当车辆以某一速度通过桥面时，桥跨的动挠度和动应力最大，那么，此时的车速称为临界车速。由临界车速引起的共振将产生动力扩大效应并直接影响到桥梁的安全使用，通常用冲击系数表示这种扩大效应。

3. 桥梁的评估。桥梁评估是利用特定信息，分析既有桥梁的可靠性并为使桥梁保持一定水平的可靠性而做出相应工程决策的过程。在实际评估过程中，对中小桥梁与大型桥梁采取不同的评价方法，桥梁评估的方法大致可分为两大类，一类是以承载能力评价为主的方法，一类是以状态评价为主的综合评价方法。在大型桥梁评估研究中经常采用的一种方法是在桥上建立结构状态监测系统，对反映桥梁结构状态的特性参数进行部分或全面监测，然后以监测数据与人工检测数据为基础，采用综合评价的方法对大型桥梁的安全性做出科学的评价。中小桥梁由于具有数量多、分布广等特点，一般通过定期或不定期的检测手段，对桥梁的承载能力做出评价。

三、桥梁检查与评定

1. 桥梁检查分为日常巡查、经常检查、定期检查和特殊检查。

日常巡查主要是对桥梁进行清洁养护，保持桥涵的整洁。

经常性检查的周期不超过一个月，由水平较差的桥梁养护技术人员负责实施，主要用于检查桥区的违法行为、交通事故以及特别严重的桥梁病害。经常检查主要对桥面设施、上部结构、下部结构和附属构造物的技术状况进行日常巡视检查。

定期检测的周期一般在 1~6 年，根据结构的重要性和复杂程度设置。对桥梁主体结构及其附属构造物的技术状况进行定期跟踪的全面检查，定期检测重点检测桥梁的结构病害，由养护单位的总工负责实施，评定桥梁技术状况等级，其检测结果采用打分的方法评估桥梁的技术状态，是一种不科学的经验方法。

特殊检查指在特定情况下对桥梁技术状况进行鉴定，以查清桥梁的病害成因、破损程度、承载能力或抗灾能力等。故特殊情况触发的检测是指发现桥梁重大病害、地震、火灾、洪水等灾害后，为确定桥梁的技术状态进行的检测，由具有相应检测实力的专业研究机构实施。

经常检查和定期检查应符合规定。

当前，桥梁的评估手段还非常的落后，除了桥梁的疲劳寿命评估方法和理论有一定依据外，其他方面（如混凝土钢筋锈蚀、预应力松弛、钢结构的锈蚀等研究）都还不足以解决实际问题。

由于当前的检测与评估手段落后，专业技术检测费用高昂，因此桥梁养护人员在经费不足的情况下往往难以确保桥梁安全，因此一味地就桥梁事故责备相关养护人员是不恰当的。

2. 经常检查主要以目测方式配合简单工具进行，检查周期为每月不少于一次，汛期应增加检查频率。对经常检查中发现重要部（构）件明显达到三、四、五类技术状况的桥梁，应立即安排定期检查。

经常检查过程中应填写"桥梁经常检查记录表"，现场登记所检查的项目和缺损类型，估计缺损范围和养护工程量，提出相应的小修保养措施，为编制小修保养计划提供依据。检查结束后要及时更新桥梁基本状况卡片。

3. 桥梁定期检查主要以目测结合仪器检查方式进行。其检查周期一般不低于每年一次，特殊结构桥梁应每年一次。

4. 特殊检查应委托有相应资质和能力的单位实施。

特殊检查应采用仪器设备，通过检测或试验的方法，结合理论分析，对桥梁的缺损状况、病害成因、承载能力或抗灾能力做出科学明确的判定，并根据检测结果提出针对性的维修处治措施建议。

桥梁的特殊检查评定应符合有关标准和技术规范的要求。

5. 依据检查结果，桥梁技术状况等级评定分为一至五类。

一类桥：技术状况处于完好或良好状态，仅需对桥梁进行保养维护。

二类桥：技术状况处于良好或较好状态，仅需对桥梁进行小修或保养。

三类桥：技术状况处于较差状态，个别重要构件有轻微缺损或部分次要构件有较严重缺损，但桥梁尚能维持正常使用功能。

四类桥：技术状况处于差的状态，部分重要构件有较严重缺损或部分次要构件有严重缺损，桥梁正常使用功能明显降低，桥梁承载能力降低但尚未直接危及桥梁安全。

五类桥：技术状况处于危险状态，部分重要构件出现严重缺损，桥梁承载能力明显降低并直接危及桥梁安全。

6. 高速公路桥梁技术状况由桥梁管养单位负责组织评定。评定为四类和五类的桥梁按以下规定进行复核。

技术状况为四类的中、小桥梁以及结构较简单、病害清楚的大桥，由桥梁养护工程师负责组织复核，上报管理处。技术状况为四类的特大桥、结构或病害较复杂的大桥，以及技术状况为五类的桥梁，由负责该路段的桥梁养护工程师提出初步审查意见，上报管理处，由管理处负责组织专家评审并提出最终复核意见。复核期间，管理处应采取应急保障措施，保证桥梁运营安全。

7. 特大桥、特殊结构桥梁和单孔跨径60米及以上大桥的检测评定工作应符合以下规定：

（1）在桥梁上下部结构的必要部位埋设永久性位移观测点，并定期进行观测，一、二类桥每三年至少一次，三类桥每年至少一次，四、五类桥每季度至少一次，特殊情况时应加大观测密度。

（2）应安排专项经费委托有资质的单位进行定期的特殊检查。一、二类桥每五年至少一次，三类桥每三年至少一次，四、五类桥应立即安排进行特殊检测。

（3）对特别重要的特大桥，应建立符合自身特点的养护管理系统和健康监测系统。

四、目前桥梁检测、评估存在的问题

桥梁承载力评估是桥梁工程发展的一个重要领域，是桥梁维修、加固和技术改造的基本依据，也是桥梁管理的重要组成部分。目前，在众多评估方法中，基于结构可靠度理论评估方法最为先进，其突出的特点是承认和揭示了结构属性中存在着不确定性，该方法能客观地反映桥梁的实际情况并做出科学的评估。但是就桥梁结构而言，其组成部分多而复杂，且对于结构可靠性分析的影响因素大都是随时间不断变化的，以往结构可靠性分析都是采用静态可靠度方法，没有考虑到桥梁的可靠度时变特性，若要考虑这一特性，即如何处理荷载和抗力的不确定性，尤其是处理这些不定性随时间变化对结构可靠度的影响，会增加更多的未知参数，计算困难更大，有待于进一步做出研究。

目前，我国桥梁检测存在的主要问题如下：

1.桥梁检测技术落后，桥梁检测的主要手段仍是目测，评估采用专家评分方法，主观人为因素较大，有时不能客观准确地反映桥梁的实际情况；检测仪器设备落后；检测复杂、耗时长、技术要求高、工作量大、费用高，一些检测项目必须中断交通进行，给交通造成不便；没有充分利用现代科学技术发展最新成果和理论，尽管表观检测仍然是桥梁检测的重要手段，但一方面表观检测结构的分析方法或理论需要进一步发展，另一方面逐渐引入先进的检测技术更是桥梁管理与养护的发展趋势。对大型桥梁结构进行评估是项很复杂的工作。

首先，影响桥梁安全性的因素很多，包括设计、施工、材料等先天因素及荷载作用、自然环境、管理养护等后天因素。

在桥梁结构安全状况评判方法方面，我国已逐步进入向系统化和规范化转化的阶段。即便如此，在日常桥梁检测过程中，按照目前桥梁评价方法对桥梁进行检测评价，依然存在一些问题。

由于桥梁养护规范在制定和使用时，充分考虑了地域经济技术水平的差异性，因此对桥梁结构评价的基础主要来自对桥梁的检查工作，桥梁检测技术上并未做过多要求。

在工程建设阶段，按照要求，可以有效地对工程建设各个环节的质量进行评价与控制，但工程中如果出现需要对已完工部分的工程实体进行相应的无损检测综合评价时，目前依据尚不完善。

桥梁结构的评价基础主要来自对桥梁的外观检查工作，虽然规范中对桥梁检测的范围与内容进行了描述，并以各项内容损坏类型和损坏程度为基础，制定了桥梁等级评定与扣分机制，但是评价过程不仅未对材料特性、退化程度及退化性质等方面进行明确规定（包括材料强度、混凝土碳化、钢筋锈蚀等方面），而且各项无损检测成果缺乏综合评价的规定，致使许多先进的无损检测成果没有有效地得以利用并参与到桥梁总体评价中。对结构内在的质量和缺陷缺乏统一的评判准则，评价过程中的部分条文规定会影响检测人员的评价尺度，难免受到主观因素和评定者技术能力的影响，造成桥梁结构评价失真现象。

虽然评价系统采用了层次分析法，将评价要素以层次关系进行了划分，但在综合评价过程中，采用的是常（静）态权值综合评价。由于评价因素较多，往往个别权重值较小的构件出现严重缺陷时，会在整体评价中被忽略或掩盖，造成评价结果不能反映真实情况。养护规范虽然制定了桥梁等级划分方法，但评价结果（桥梁的技术状况等级）只反映了桥梁的总体信息，单一的评价等级所反映的信息量有限，不能突出关键病害对桥梁技术状况的影响，在多层加权过程中容易使关键病害被掩盖，无法更有效地反映桥梁的实际工作状况。

目前，桥隧检测市场行为受多种复杂因素影响，处于较为混乱的状态，各种检测机构鱼龙混杂，缺乏统一的价格机制，竞争的无序使市场价格正在朝着越来越不利于健康发展的方向加速迈进。

由于以上问题的存在，会产生技术服务质量低劣，甚至会有由于技术水平低下、成本压力等因素影响而导致的错误结论产生，这种错误结论往往会引起灾难性后果，在这种情况下，拥有尽可能减少人为因素对检测结论影响的评价方法就显得尤为重要。

近几年，自然灾害与突发性事故频发，桥梁受船舶撞击破坏，桥梁被超限车辆撞击桥梁火灾、地震等情况层出不穷。这些灾害，往往发生突然，桥梁损伤严重甚至损毁，进而可能造成区域交通或干线大动脉交通中断。这就要求检测评估工作需要在短时间内完成，快捷准确，以指导维修加固抢险。由于这些属于个别案例，发生概率小，故研究很少，在现有规范体系中也未有涉及，有业内专家指出这也将是未来桥梁检测评估体系研究的一个前沿和重点领域。

桥梁结构纷繁复杂，可能使其产生病害的原因也多种多样。桥梁检测评估过程中，经常会遇到各种疑难问题，无法参照应用目前的检测评估技术体系。因此，桥梁检测评估工作中，需要有经验的专业检测队伍在检测之初，以对结构受力的深入理解为核心，以对材料性能的准确把握为根本，以对结构工作环境的透彻分析为基础，分析外因对桥梁结构的损伤机理，掌握可能造成的损伤情况，这样才能有的放矢地制订检测评估方案，应用现有检测技术，对桥梁进行科学的检测评估，从而指导后续的维修加固设计。

科学的评价体系和完整的指标体系是准确反映桥梁结构实际技术状态的有力武器，它能最大限度地减少人为的主观因素影响，清晰地反映结构存在问题的部位、性质危害，避免技术因素引起的误判。

其次，这些因素对桥梁的影响既有本身的特点，又相互作用，它们给桥梁所造成的损坏，有些可以定量表示，有些无法定量表示，就是可以定量表示的部分各自的量纲定义不同，难以归一化。

最后从带病工作的一些桥梁的现状看，它们的损坏（如裂缝或钢筋严重锈蚀等）已超过安全等级标准，但仍然在工作，即有超出安全指标而没有破坏的桥梁事例。对大型桥梁结构必须发展与其规模功能和影响相协调的现代安全维护技术，并进一步在完善常规人工监控、建立数据库系统的基础上建立与智能技术相结合的桥梁运行状态的分析及评价专家系统，最终实现桥梁的现代化管理。

2. 评估环节繁多，标准难以统一。开展桥梁结构评估是一项系统工程。我国桥梁众多，结构复杂，面临的具体情况也不一样，这就客观上给我国桥梁检测与评估工作带来了巨大的困难，一方面我国桥梁检测与评估技术有待进一步提高，另一方面我国具体的情况要求我国加强桥梁检测标准与流程的高度统一，简化评估流程，提高评估效率，当然要在制定标准流程的前提下，对关键问题和关键流程要充分引起重视。

五、桥梁检测基本方法与技术

1. 静载试验

混凝土桥梁的静载试验，一般需进行以下测试：

结构的竖向挠度、侧向挠度和扭转变形。每个跨度内至少有三个检测点，并取得最大的挠度及变形值，同时观测支座下沉值。有时测试也为了验证所采用的计算理论，要实测控制截面的内力和挠度纵向和横向影响线。

记录控制截面的应力分布，并取得最大值和偏载特性。沿截面高度不少于5个测点，包括上、下缘和截面突变处。有些结构需测试支点及附近、横隔板附近剪应力和主拉应力，此时需将应变计布成应变花。

支座的伸缩、转角，支座的沉降，墩顶位移及转角，仔细观察它们是否已出现裂缝，出现初始裂缝时所加的荷载，仔细标明裂缝出现的位置、方向、长度、宽度及卸载后闭合情况。如果结构的控制截面变形、应力或裂缝扩展，在尚未加到预计最大试验荷载前，已提前达到或超过设计标准的允许值，应立即停止加载，同时注意观察裂缝扩展情况，撤离仪器和人员。

仔细观察卸载后的残余变形。对于特殊结构而言，如悬索桥和斜拉桥，尚需观察索力和塔的变位并进行支座的测定。混凝土桥的静载试验，对关键控制截面的测试，严格在该截面影响线上加载标准荷载车队，以确定标准车辆在桥上的轮位位置。除了对加载车辆的轮位有所控制外，试验时温度是一个重要因素。通常而言，温度变化1℃，混凝土构件将产生10个微应变的变形，对于50号混凝土，相应于0.35h中a的应力误差。因此，应做好温度补偿和收缩补偿块等工作，以直接或间接消除温度及收缩的影响。

2. 动力试验

桥梁结构的动力试验是研究桥梁结构的自振特性和车辆动力荷载与桥梁结构的联合振动特性，其测试数据是判断桥梁结构运营状况和承载特性的重要指标。众所周知，桥梁在设计时，要避免外界的强迫振动源，如风、车辆等的频率与桥跨结构的自振频率相等，否则会引起过大的共振振幅危及桥梁的使用安全。同理，当车辆以某一速度通过桥面时，桥跨的动挠度和动应力最大，那么，此时的车速称为临界车速。由临界车速引起的共振将产生动力扩大效应并直接影响到桥梁的安全使用，通常用冲击系数表示这种扩大效应。桥梁的动力试验，主要是围绕冲击系数做文章，实际的动力试验包括以下内容：

测定桥跨结构在车辆荷载下的强迫振动特性，如冲击系数、强迫振动频率、动位移和动应力等。

测定桥跨结构的自振特性，如自振频率、振型和阻尼特性等。桥跨结构的动力试验，首先必须使结构产生振动，然后通过仪器记录下结构的振动时程曲线，再通过专门的FPT（快速傅立叶转换）仪器，分析出结构的各项振动特性。有两种方法可以模拟外界对结构的动力激振，其中包括稳态激振和脉动激振。稳态激振包括以一辆或多辆并行满载车列以不同速度过桥或在桥上制动。而脉动激振可直接利用外界随机振源。动力分析设备越来越先进，具有丰富经验的工程师可直接分析输出结果。但与之同时的理论分析，与实际情况仍存在相当的差别。在进行动力试验时，应注意结构控制截面上的实测最大动应力、动挠度和最低标准限值应小于标准的容许值，否则容易对桥梁结构造成损坏。

3. 无损检测技术

传统的无损检测技术得到了较大的发展，目前已有超声检测、红外检测声发射、自然电位检测、冲击回波检测、磁试验或x射线检测、光干涉、脉冲雷达、振动试验分析等。传统的检测方法一般可以对桥梁的外观及部分结构特性进行监测，虽然可以对桥梁局部关键构件、节点进行较为合理的损伤的判断，然而难以全面反映桥梁的整体健康状况，对于桥梁结构的安全度、剩余寿命难以做出系统评估。一种比较现实的损伤检测方法可能是综合整体损伤定位与局部细化检测两种手段的技术。

4. 桥梁检测评估的目的和意义

桥梁检测就是通过对桥梁的使用状况、缺陷及损伤进行全面、细致、深入的现场检测，明确缺陷和损伤的性质、部位、严重程度及发展的趋势，从而寻找缺陷及损伤产生的原因，方便对桥梁进行分析和评价，确定桥梁的使用性能承载力的影响，为桥梁检测、桥梁维修、桥梁养护、桥梁加固基改造设计提供及时、有针对性的第一手资料。

桥梁检测要全面、系统地收集既有桥梁技术数据，积累技术资料，为充实桥梁数据库、加强桥梁科学管理和提高桥梁技术水平提供必要的条件；另外，通过合理设计的桥梁检测的方法，辅以布设长期监测设备，逐步建立桥梁健康监测系统，确保既有桥梁长期安全运营，以发挥该桥梁最佳的经济效益和社会效益。

通过对服役桥梁实际承载能力的检测评定，为服役桥梁使用的安全可靠及加固提供必要的依据和积累必要的技术资料，建立桥梁数据库、检验桥梁结构的质量；确定工程的可靠度，推动和发展服役桥梁评定及新结构的设计计算理论。桥梁检测评估的目的和意义如下：

（1）桥梁由于运营多年，主要部位出现不同程度的病害，通过检测确定桥梁各部位损坏程度及实际承载能力。

（2）由于设计标准的演变，许多旧桥原设计荷载等级不能满足现在交通量和载重量的发展，通过检测，可确定原有桥梁的荷载等级，从而决定是否需要通过加固来提高荷载等级。

（3）随着我国工业建设的发展，超重车辆过桥情况经常发生，通过检测评估，可确定超重车辆是否能安全通过，并为临时加固提供参考。

（4）桥梁遭受特大自然灾害或在建造过程中存在严重缺陷的，需要进行检测评估，确定工程的可靠度。

（5）旧桥设计资料不全，可以通过检测，重新建立和积累技术资料，为加强科学管理和提高桥梁技术水平提供必要条件。

（6）对于一些重要的大桥或特大桥，在建成之后，需要通过检查评估，评定其设计与施工质量，确定工程的可靠度。

（7）通过检测评估，了解桥梁结构实际受力状态，判断结构的安全承载能力，为进行桥梁的修复加固提供可靠依据。

第五节 桥梁数字化管理系统规划

桥梁是道路的重要组成部分，桥梁的上部结构更是重中之重，它的损坏直接影响到车辆行驶的安全性、舒适性、美观性，此章节就桥梁日常管理及维修进行一些探讨。

维修加固，简单来说，就是通过一定的措施使构件乃至整个结构的承载能力及其使用性能得到提高，以满足新的要求。这些措施包括直接针对整个结构的，如体外预应力，改变了结构的应力状态，使其回到原设计状态或者更适应新的要求；有些措施是针对截面的，即通过提高截面某一方面的承载力强度（如抗剪强度），从而改善整个结构的承载力水平。根据桥梁的加固原因、加固部位及现有桥梁本身桥型方案的不同，应采用不同的加固方法。目前，桥梁上部结构常用的加固方法有体外预应力加固法、体系转换加固法、增加构件加固法、粘贴钢板加固法、碳纤维加固法、桥面层补强加固法等；桥梁下部结构常用的加固方法有扩大基础加固法、高压旋喷注浆加固法等。

一、桥梁维修与加固总体概况

1. 桥梁加固的步骤与基本原则

桥梁的加固与桥梁的设计一样，除了应满足设计规范，符合技术可行、经济合理、结构安全的原则外，还必须经过一定的程序和步骤，这就是所谓的加固概念设计。

（1）桥梁结构由于结构失效或损伤经评估不能满足结构安全或正常使用要求时，必须进行加固。加固设计的内容及范围，应根据评估结论和委托方提出的要求确定，可以包括整体桥梁，也可以是指定的区段或特定的构件。

（2）建立既有桥梁维修、加固、重建的经济分析模型，通过分析比较，选择技术可行、经济合理、对现有交通干扰较小的方案实施，以保证改造后的桥梁能安全运营。

（3）根据需要改造桥梁的评估结论及经济分析，当得知现有桥梁可以通过加固、维修达到使用要求的结论后，再提出桥梁加固的设计方案。

（4）对于大桥、特大桥，其主要承重构件需要加固补强时加固设计方案应设2个，进行方案比选和经济评估，选择最佳加固方案。

（5）加固设计及施工尽量不损坏原结构，并保留具有利用价值的构件，避免不必要的拆除或更换；加固设计应与施工方法紧密结合，并采取有效措施，保证新老结构连接可靠协同工作；加固设计应按结构实际损坏情况进行计算。

（6）在加固施工中，应尽可能减少对桥上和桥下的通行车辆及行人的干扰，采取必要的措施，减少对周围环境的污染；在施工过程中，若发现原结构或相关工程隐蔽部位的构造有严重缺陷时，应立即停止施工，或同加固方案设计者共同研究，待采取有效措施处理后，方能继续施工；加固施工中，应采取安全监测措施，确保人员及结构安全。

2. 桥梁维修与加固的原因

桥梁维修加固就是通过有效的措施，使受损桥梁结构恢复其原有的技术功能，或通过改变结构的传力途径而减少构件的荷载效应，或在已有结构的基础上提高结构的承载能力，以满足新的承载条件和使用功能的要求。具体来说，自桥梁建成之始，不久就会产生维修、改造和加固的需求，也就是要针对桥梁所发生的不能满足继续使用的状况进行处理。不能满足继续使用有以下三种情况。

（1）桥梁使用一定年限之后，出现结构陈旧老化破损，影响到它原有设计能力而危及运行的，必须予以修补，使之恢复到原有设计的承载能力。

（2）桥梁基本完好，但当初设计标准低，经过一段时间的交通发展，荷载标准或桥上、桥下的净空不能满足新交通的需要，需对其加强才能适宜新的交通。

（3）桥梁设计标准合理，结构基本完好，但桥梁遇到某种特殊需要，是原设计所没有包括在内的荷载或结构变化的添加，而需要临时加强的。

3. 桥梁加固的方法

（1）混凝土结构维修与加固

不管采用何种材料、何种方法对缺陷进行修补，都必须将表层已损混凝土清除至钢筋锈蚀范围或露出完好混凝土为止，其主要方法如下：对浅层或面积较小的损坏部分，可用手工凿除，再以水清洗干净；对浅层而面又较大的缺陷，可用高速射水清除；对损坏面积较大，且有一定深度或有蜂窝空洞者，可用气动工具凿除，个别部位辅以手工凿除，再以水清洗干净。蜂窝、空洞及较大范围破损的部位，可采用新鲜混凝土进行修补。修补混凝土一般应与原混凝土标号相同或稍高，并具有良好的级配与和易性，以利捣实工作。混凝土表层的风化、剥落露筋及小面积破损，可采用黏结剂进行表面封涂。当混凝土结构破坏较大且深入构造内部一定深度时,可采用胶结剂浇筑涂层的方法进行修补。混凝土结构中的钢筋,其锈蚀的维修方法与步骤如下:凿除松脱、剥离等已损混凝土;对钢筋体除锈处理,清除干净后即行防锈处理;涂以环氧树脂胶液等黏结剂;立模,配料浇筑或喷浆、涂抹修补材料;对新喷涂或浇筑混凝土面进行表面处理。

(2)桥梁上部结构的维修和加固

1)维修

桥梁上部结构的受损状况主要是由于桥龄较长、原先的结构不尽合理、桥梁本身的材料老化,又在与日俱增的重型车和交通量的重压下,使各部位不同程度地受到损坏。在已有的公路桥梁中,上部结构大部分为普通T梁、板梁,由于以前的板梁铰缝较小、T梁横隔板焊接钢板横向联结较差,同时桥面铺装较薄,桥面钢筋网直径小、间距大,造成梁体整体性较差,普遍存在梁与梁之间出现纵向裂缝、联结板开焊形成单梁受力使梁体受力大、在T梁梁肋跨中出现竖向裂缝,梁端出现斜向裂缝,桥面松散脱落等现象。维修的一座跨河桥,其中16m普通钢筋砼T梁跨,建于20世纪60年代。由于桥体本身强度不足,以及超重车越来越普遍,造成梁体大部分出现裂缝,一般裂缝宽度在0.1~0.25mm之间,最大裂缝达到0.35mm。大于0.25mm的裂缝主要集中在边梁。对于这种情况有两种处理方案:第一种是维修方案。对于0.25mm以下的裂缝采取封闭措施,利用环氧树脂材料涂刷封闭,对于0.25mm以上的裂缝进行灌浆处理,对损坏比较严重的T梁需进行碳素纤维加固处理。对T梁横隔板由钢板焊接的干接缝改为湿接缝,即凿除横隔板连接处两侧的吐露出钢筋,再用短筋搭焊灌注微膨胀砼增强横向联结,桥面须重浇一层防水砼,加设 $\phi 8$、$10 \times 10cm$ 钢筋网,桥面采用钢纤维砼并增设桥面防水层,伸缩缝采用弹塑体改性沥青伸缩缝,这样改善了桥面系工作状态。另一种方案是将T梁拆除,经维修后用在较次要的公路桥梁上,该桥重新浇制T梁,按湿接缝设计,增大桥面铺装层厚度,最薄处按8cm防水砼浇注,加强加密钢筋网,新做防水层,以保证公路干线桥梁质量。

2)加固

①桥梁上部结构的加固

A.体外预应力加固

体外预应力法的加固原理是在梁的下缘受拉区设置预应力材料,通过张拉对梁体产生偏心预应力,在此偏心压力作用下,使梁体发生上拱,抵消部分自重应力,减小了结构变形和裂缝宽度,改善了结构受力,能够较大幅度地提高结构承载力。与通常的预应力混凝土结构相比,力筋与原结构只在锚固点与梁连接,类似于无黏结预应力结构。这种方法在自重增加很小的情况下可大幅度地改善和调整原结构的状态,提高结构刚度抗裂性。此法既适用于通行重车时的临时加固,也可作为提高桥梁承载力的永久加固措施。该方法主要适用情况:当混凝土梁中预应力筋或普通钢筋严重锈蚀及其他病害造成结构承载力下降;需要提高桥梁的荷载等级;用于控制梁体裂缝及钢筋疲劳应力幅度;适用于高应力状态下的结构,尤其是大型结构的加固等情况。

对于钢筋混凝土或预应力混凝土梁或板，采用对受拉区施以体外预应力加固，可以抵消部分自重应力，起到卸载的作用，从而能较大幅度地提高梁的承载能力。体外预应力加固法的优点如下：

a. 在自重增加很小的情况下，能够大幅度改善和调整原结构的受力状况，提高承重结构的刚度、抗裂性能；

b. 由于承重结构自更增加小，故对墩台及基础受力状况影响很小，可节省对墩台及基础的加固；

c. 对桥梁营运影响较小，可在不限制通行的条件下加固施工；

d. 预应力加固法既可作为桥梁通过重车的临时加固手段，又可作为永久性提高桥梁荷载等级的措施。

B. 增设纵梁加固法（拓宽改建）

在墩台地基安全性能好，并具有足够承载能力的情况下，可采用增设承载力桩和刚度大的新纵梁。新梁与旧梁相连接，共同受力。由于荷载在新增主梁后的桥梁结构中重新分布，使原有梁中所受荷载得以减少，由此使加固后的桥梁承载能力和刚度得到提高。当增设的纵梁位于主梁的一侧或两侧时，则兼有加宽的作用。

C. 拱圈增设套拱加固法

当拱桥的主拱圈为等截面或变截面的实体拱板，且墩台无病害，基础沉降满足加固后的要求，同时桥下净空与泄洪面积容许部分压缩时可在原主拱圈下加设一层新拱圈。即紧贴在原拱圈底面上浇注或喷射新混凝土拱圈。

D. 体系转换加固法

改变结构体系加固旧桥通常是指增设附加构件或进行技术改造，使桥梁的受力体系和受力状况发生改变，从而起到减小承重构件的应力，改善桥梁性能，达到提高承载能力的目的。这种技术具有提高结构承载力、增大结构刚度、减小挠度等优点。常使用的方法有拱桥转换为梁拱式拱上建筑法、梁桥转换为梁拱组合体系法、简支转连续法、多跨简支梁转为先简支后桥面连续体系法、增加辅助墩法等。

E. 增加构件加固法

增加构件加固法主要是指增设纵梁提高承载能力或拓宽改建，增加横隔板加强横向联系。当墩台地基安全性能好，并具有承载能力，上部结构也基本完好，但其承载能力不能满足要求，同时要求加宽桥面时，一般采用增加承载能力高和刚度大的新纵梁使新旧梁互相联结共同受力。对于要进行拓宽改造的则还需要对墩台进行拓宽。

F. 粘贴钢板加固法

粘贴钢板加固是采用黏结剂将钢板粘贴在钢筋混凝土结构物的受拉边缘或薄弱部位，使之与结构物形成整体，从而提高梁的承载能力，是一种加固方法。若使用锚栓将钢板锚固在梁体上，则又称锚栓钢板法，这时钢板可适当厚一些。钢板固定于受拉混凝土表面可以增加混凝土结构抗弯刚度，使结构挠度减小，限制了裂缝的发展。施工时可以根据设计需要进行裁切钢板，有效地发挥粘钢构件的抗弯、抗压和抗剪的性能，受力均匀，不会在混凝土中产生应力集中现象，除此以外，该方法还具有施工简便、快速，不影响结构外形，加固费用低，不减小桥梁净空及增加荷载不多等优点。不足之处是黏结剂的质量及耐久性是影响加固效果的主要因素。

G. 碳纤维加固法

粘贴碳纤维加固技术是指采用高性能黏结剂将碳纤维布粘贴在建筑结构物表面，当结构荷载增加时，两者共同工作，提高构件承载力，从而达到加固补强的目的。纤维复合材料的力学特点是其应力应变量完全线弹性，不存在屈服点或塑性区。由于碳纤维具有高强、轻质、耐腐蚀、耐疲劳等优异的物理力学性能，以及施工速度快、施工工期短、粘贴质量容易得到保证等优点，因此是旧桥加固补强的理想材料。碳纤维加固法中黏结材料的性能是保证碳纤维与混凝土共同工作的关键，也是两者传力途径的薄弱环节，因此黏结材料应有足够的刚度与强度保证碳纤维与混凝土间剪力的传递，同时应有足够的韧性，不会因混凝土开裂导致脆性黏结破坏。与其他加固方法相比，采用碳纤维加固旧桥，能最低程度地改变原有结构的应力分布，保证在设计荷载范围内与原结构共同受力。

H. 桥面层补强加固法

桥面补强层加固法是通过在梁顶（桥面）上加铺一层钢筋混凝土层，使其与原有主梁形成整体，从而达到增大主梁有效高度和抗压截面，增加桥面整体刚度，提高桥梁承载能力的一种常用且有效的方法。为了减小补强层增加的恒载，常将原有桥面铺装层凿除，而且能使新老结合良好、共同受力。

②桥梁墩台与基础加固

A. 扩大基础加固法

桥梁基础扩大底面积的加固方法，称为扩大基础加固法。此法适用于基础承载力不足或埋置太浅，而墩台又是砖石或混凝土刚性实体或基础时的情况。当构造物基础具有较大的不均匀沉降，并且地基土质比较坚实时，可以采用扩大基础法进行加固。

B. 高压旋喷注浆加固法

高压旋喷注浆，就是先利用钻机把带有喷嘴的注浆管钻入土层的预定位置，旋转并以一定的速度提升，同时将浆液或水以高压流的形式从喷嘴里射出，冲击破坏土体，高压流切割并搅碎土层，使其成颗粒状分散，一部分被浆液和水带出钻孔，另一部分则与浆液搅拌混合，随着浆液的凝固，组成具有一定强度和抗渗能力的固结体，从而对地基进行加固的一种加固方法。旋喷注浆加固法用途广泛，而且效果好，成本低，加固效果明显，且施工便捷，目前已逐渐成为我国常用的对桥梁墩台基础处理方法之一。

C. 粘贴钢板加固法、碳纤维加固法

桥梁墩台的加固改造也可以采用粘贴钢板加固法、碳纤维加固法增加墩台的刚度，提高墩台的抗弯、抗压和抗剪能力，其加固方法、加固机理与上述相同。公路旧桥的加固比新建桥梁还难，因为旧桥的维修加固，没有现成的规范，更没有可供使用的标准图，桥梁的病害又错综复杂，病害原因难以确定，因此，应充分重视公路旧桥的管理工作，加大资金投入，使其保持良好的工作状态，确保公路运输的安全。

（3）桥梁结构物裂缝的修补

桥梁结构由于种种原因，将会产生裂缝，降低了结构的美观和整体性，需要根据具体情况，参考养护规范中桥梁构件裂缝限值和下列几个方面，确定是否需要进行修补。

1）发展的裂缝，缝宽在六个月内增大 0.1mm 以上时；

2）裂缝宽度虽未增大，但裂缝数量增多时；

3）裂缝宽度在 0.3mm 以上时；

4）缝宽虽为 0.2mm 左右，但对结构产生危险时

常用的修补方法有表面封闭修补法、压力灌浆修补法、表面粘贴玻璃布或碳纤维复合材料或钢板、凿槽嵌补、表面喷浆、打箍加固、封闭等。

（4）桥跨结构加固技术

1）桥面补强层加固法。

在梁顶上加铺一层钢筋混凝土层，一般先凿除旧桥面，使其与原有主梁形成整体，达到增大主梁有效高度和抗压截面强度、改善桥梁荷载横向分担能力，从而达到提高桥梁的承载能力的目的。

2）增大截面和配筋加固法

当梁的承载力、刚度、稳定性和抗裂性能不足时，通常采用增大构件截面、增加配筋、提高配筋率的加固方法。这种方法是在梁底面或侧面加大尺寸，增配主筋，提高梁的有效高度和抗弯承载力，从而提高桥梁的承载力。该法广泛用于梁桥及拱桥拱肋的加固。

3）锚喷混凝土加固法

借助高速喷射机械，将新混凝土混合料连续地喷射到已锚固好钢筋网的受喷面上，凝结硬化而形成钢筋混凝土，从而增大桥梁的受力面和补强钢筋，加强结构的整体性，使其能承受更大的外荷载作用。

4）粘贴受力筋（钢板、碳纤维、锦纶纤维）加固法

当交通量增加，主梁出现承载力不足，或纵向力筋出现严重腐蚀的情况时，梁板桥的主梁会出现严重的横向裂缝，采用黏结剂及锚栓，将钢板等受力筋粘贴锚固在混凝土结构的受拉丝或薄弱部位，使其与结构形成整体，达到提高梁的承载能力的目的。这种加固方法的特点如下：

①不需要破坏被加固的原结构的尺寸；

②施工工艺简单，施工质量较容易控制；

③施工工期短。

5）改变结构受力体系加固法

这种加固、改造方法是通过改变桥梁结构受力体系，达到提高桥梁承载能力的目的。例如：在简支梁下增设支架或桥墩，把简支梁与简支梁纵向加以连接，由简支梁变连续梁，

或在梁下增设钢桁架等加劲或叠合梁等，以减小梁内应力，达到提高梁承载力的目的。

桥梁的加固维修问题已经成为世界普遍关注的课题，采取加固的方法提高桥梁承载力、抗弯能力、抗剪能力、荷载等级等是最经济、最简单和最实用的措施，依据不同的桥梁现状和加固要求可以采取不同的方法，确保危旧桥的改造工作科学合理、经济安全。

二、加强公路桥梁日常养护与管理

1. 建立桥梁养护工程师队伍和养护队伍

公路交通的迅猛发展，必然要求强化组织管理。在桥梁管养方面，应根据养护里程、辖区内桥梁数量设立若干名专职桥梁养护工程师，并保证其工作性质的相对稳定，不能随意换动。在其职责上，桥梁养护工程师负责制订、安排桥梁年度定期检查计划，组织实施辖区内桥梁养护的定期检查，提出检查报告，通报三、四类及危险桥梁的病害状况。从目前的养护队伍现状来看，桥梁养护工程师有责无权，养护工人素质参差不齐，很难做到真正的专业养护。这就要求各级公路交通部门高度重视，针对桥梁养护工作的需要，要逐步培养骨干，成立专业养护队。桥梁专职养护，要突出的是一个"专"字，努力做到专业人员、专门程序、专用方法，以保证桥梁工程师的工作部署落实到位，随时掌握桥梁的使用状况，处置各种危急突发事件，并使队伍逐渐从日常养护过渡到具备进行桥梁中、小修甚至大修的能力。

2. 建立健全完善的桥梁档案

桥梁档案是桥梁的历史足迹。公路竣工验收后，管理单位应及时要求建设单位提交完整的竣工资料，还要与建设单位技术人员一起，按照相关资料，对所有桥梁进行一次全面详细的检查。需要提供的竣工资料如下：每座桥的原设计、变更设计、竣工图纸、隐蔽工程图片和检测资料及桥下河流的水文计算等。对桥梁的检查，应按照桥梁定期检查的要求进行，检查结果交管理单位留存。管理单位要按照桥梁管理系统的要求采集桥梁的静态数据和动态数据，建立数据库，输入计算机立档保存。这可为以后桥梁的维护提供资料支持。

3. 加大桥梁维修加固费的投入

为保证桥梁的正常运营，延长桥梁使用寿命，各级交通主管部门在每年的年度养护工作计划中，应该安排一定经费保证桥梁检查、维修及加固工作，保证桥梁养护与维修加固资金的合理与充足使用。同时，根据各地的实际情况，提出切实可行的公路桥梁养护管理的目标与措施，从而促进桥梁改建、维修与加固工作。国家投资重点倾斜以及集资渠道的多元化，将为公路桥梁建设发展提供资金保证。

4. 加强措施，严格检查

严格的检查措施是保证桥梁维护工作质量的有效方法。养护队应对桥梁及各种防护设施坚持日常养护巡查，注意观察桥梁的使用状况，尽量做到每天1次养护巡查，并做好巡查记录，同时各级桥梁养护工程师应分别组织经常性检查、定期检查和专业检查。一是经常性检查。要由县级桥梁工程师组织实施，以目测为主，配合简单工具，至少每年度一次，填写"经常性检查记录表"上报。检查应拍摄总体照片，填写"桥梁定期检查数据表"，并提交检查报告。二是专业检查。凡遭受意外损害，定期检查中难以判明损坏程度及决定改造之前均需进行专业检查。

5. 全面落实危桥改造的措施

在检查后，发现的问题符合桥梁技术评定标准中四类危桥状态的桥梁均属于危桥，主要包括桥梁重要部件出现严重的功能性病害，且有继续扩展现象，关键部位的部分材料强度达到极限，出现部分钢筋断裂，砼压碎或压杆失稳变形的破损现象，变形大于规范值，结构的强度、刚度、稳定性不能达到平时交通安全通行的要求，以及承载能力比设计降低25%以上的类型。这些桥梁必须尽快实施加固、维修和改造，以提高其承载能力。对于桥梁改造工程，各级公路管理机构应引入竞争机制，应当实行招投标制度、工程监理制度和合同管理制度。严格质量管理，把好材料质量关，加大工程建设中的监理力度，严格按照设计图纸进行施工，从而保证桥梁建设质量，减少使用期间的后顾之忧。

第六章 工程管理研究

我国社会经济在快速发展的同时，也带动了我国建筑业的发展，建筑行业成为经济发展的重要组成部分。市场经济的竞争机制给建筑业的发展带来了一定的压力，为此，建筑企业都在为自身的可持续发展寻求途径。提高建筑工程项目的管理水平就成为大家公认的一种有效途径，所以社会上对建筑施工项目管理的研究也越来越多。基于此，本章对工程建设中的管理展开论述。

第一节 管理目标

一、工程建设项目目标管理的程序和基本环节

建设工程项目目标管理的全过程是由一个个循环过程所组成的，而循环控制要持续到项目建成动用。在控制过程中，都要经过投入、转换、反馈、对比、纠正等基本环节。缺少这些基本环节中的任一个，动态控制过程就不健全，就会降低控制的有效性。

1. 按计划要求投入

控制过程首先从投入开始。一项计划能否顺利地实现，基本条件是能否按计划所要求的人力、材料、设备、机具、方法和信息等进行投入。计划确定的资源数量、质量和投入的时间是保证计划实施的基本条件，也是实现计划目标的基本保障。

2. 做好转换过程的控制工作

建设工程项目的实现总是要经由投入到产出的转换过程。正是由于这样的转换，才使投入的人、财、物、方法、信息转变为产出品，如设计图纸、分项（分部）工程、单位工程，最终输出完整的工程项目。在转换过程中，计划的执行往往会受到来自外部环境和内部系统多因素的干扰，造成实际进展情况偏离计划轨道。而这类干扰往往是潜在的，未被人们预料或人们无法预料的。同时，由于计划本身不可避免地存在着程度不同的问题，因而造成实际输出结果与期望输出结果之间发生偏离。为此，项目管理人员应当做好"转换"过程的控制工作：跟踪了解工程实际进展情况，掌握工程转换的第一手资料，为今后分析偏差原因，确定纠正措施提供可靠依据。同时，对于那些可以及时解决的问题，采取"即

时控制"措施，及时纠正偏差，避免"积重难返"。

3. 控制的基础工作——反馈

反馈是控制的基础工作。对于一项即使认为制订得相当完善的计划，项目管理人员也难以对其运行结果有百分之百的把握。因为在计划的实施过程中，实际情况的变化是绝对的，不变是相对的。每个变化都会对预定目标的实现带来一定的影响。因此，项目管理人员必须在计划与执行之间建立密切的联系，及时捕捉工程进展信息并反馈给控制部门，为控制服务。

为使信息反馈能够有效地配合控制的各项工作，使整个控制过程流畅地进行，需要设计信息反馈系统。它可以根据需要建立信息来源和供应程序，使每个控制和管理部门都能及时获得所需要的信息。

4. 对比目标以确定是否偏离

对比是将实际目标成果与计划目标成果相比较，以确定是否有偏离。对比工作首先是收集工程实施成果并加以分类、归纳，形成与计划目标相对应的目标值，以便进行比较。其次是比较结果进行分析，判断实际目标成果是否出现偏离。例如，某网络进度计划在实施过程中，发现其中一项工作比计划要求拖延了一段时间，如果该工作是关键工作，或者虽然不是关键工作，但它拖延的时间超过了项目的总时差，那么这种拖延肯定影响了总计划工期，对此工作必须采取纠偏措施。如果未发生偏离或所发生的偏离在允许范围之内，则可以继续按原计划实施。

5. 取得纠正控制效果

当出现实际目标成果偏离计划目标的情况时，就需要采取措施加以纠正。如果是轻度偏离，通常可采用较简单的措施进行纠偏。如果目标有较大偏离时，则需要改变局部计划才能使计划目标得以实现。如果已经确定的计划目标不能实现，那就需要重新确定目标，然后根据新目标制订新计划，使工程在新的计划状态下运行。当然，最好的纠偏方法是把管理的各项职能结合起来，采取系统的办法。这不仅需要在计划上做文章，还要在组织、人员配备、领导等方面做文章。

项目实施过程的每一次控制循环结束都有可能使工程呈现出一种新的状态，或者是重新修订计划，或者是重新调整目标，使其工程项目在这种新状态下继续开展。

二、工程建设项目目标管理控制的内容

1. 进度控制

工程项目进度控制是指在实现建设项目总目标的过程中，为使工程建设的实际进度符合项目进度计划的要求，使项目按计划要求的时间动用而开展的有关监督管理活动。工程项目进度控制的总目标就是项目最终动用的计划时间，也就是工业项目负荷联动试车成功、民用项目交付使用的计划时间。由此可见，工程项目进度控制是对工程项目从策划与决策

开始，经设计与施工，直至竣工验收交付使用为止全过程的控制。

事前控制，主要内容是编制或审核项目实施总进度计划，审核项目的阶段性计划，制订或审核材料供应采购计划，寻找进度控制点，确定完成日期。

事中控制，主要是建立反映工程进度情况的日记，进行工程进度检查对比，对有关进度及时计量并进行签证，召开现场进度协调会等。

事后控制，当实际进度和计划发生差异时，必须及时制定对策。首先制定保证不突破总工期的对策措施，包括组织措施、技术措施、经济措施等。其次制定总工期突破后的补救措施，然后调整其他计划，制订新的计划，并按其实施。

2. 质量控制

工程项目质量控制是指在力求实现工程建设项目总目标的过程中，为满足项目总体质量要求所开展的有关监督管理活动。其任务是通过建立健全有效的质量监督工作体系，认真贯彻检查各种规章制度的执行，随时检查质量目标与实际目标的一致性，来确保项目质量达到预期制定的标准和等级要求。在工程项目的三大目标控制当中，质量控制是主题，项目质量永远是考察和评价项目成功与否的首要方面。

事前控制。首先掌握质量控制的技术标准和依据，制定保证质量的各种措施，对承揽项目任务的单位进行资质审查，对涉及项目质量的材料进行验收和控制，对设备进行预检控制，对有关的计划和方案进行审查。

事中控制。首先对工艺质量进行控制，然后对工序交接、隐蔽工程检查、设计的变更审核、质量事故的处理、质量和技术签证等进行控制，对出现违反质量规定的事件、容易形成质量隐患的做法立即采取措施予以制止。建立实施质量日记、现场质量协调会、质量汇报会等制度以了解和掌握质量动态，及时处理质量问题。

事后控制。通过项目的阶段验收和竣工验收、技术资料整理、文件档案的建立来实现。

3. 投资控制

工程项目投资控制是指整个项目的实施阶段开展管理活动。项目投资费用是由项目合同确定的，因此应在满足项目的使用功能、质量要求和工期要求的前提下，阶段性检查费用的支出状况，控制费用支付不超过规定值，并严格审核设计的修改和工程的变更，实现项目实际投资不超过计划投资。

事前控制主要进行风险预测，采取相应的防范措施。熟悉项目设计图纸与设计要求，分析项目价格构成因素，事前分析费用最容易突破的环节，从而明确投资控制的重点。

事中控制定期检查和对照费用支出情况，定期或不定期对项目费用超支或节约情况做出分析，并提出改进方案，完善信息制度，掌握国家调价范围和幅度。

事后控制审核工程结算书，公正地处理索赔。

三、工程建设项目目标管理的控制措施

为了取得目标控制的理想成果，应从多方面采取措施对项目实施控制。

1. 组织措施

各部门职能人员，要按计划要求监督投入的劳动力、机具、设备、材料，经常到现场巡视、检查运行情况，对工程信息进行收集、加工、整理、反馈，发现和预测目标偏差，采取纠正措施等，都需要事先落实控制的组织机构，委任执行人员，授予相应职权，明确任务、权利和责任，制定工作考核标准，并力求使之一体化运行。在控制过程中需要考虑采取的措施如下：充实控制机构，挑选与其工作相称的人员；对工作进行考评、评估、改进，挖掘潜在工作能力、加强相互沟通；在控制过程中激励人们以调动和发挥他们实现目标的积极性、创造性；培养人员等。

2. 技术措施

控制在很大程度上要通过技术来解决问题。为了对项目目标实施有效的控制，要对多个可能的主要技术方案进行技术可行性分析，对各种技术数据进行审核、比较，事先确定设计方案的评选原则，通过科学试验确定新材料、新工艺、新设备、新结构的适用性，对各投标文件中的主要技术方案做必要的论证，对施工组织设计进行审查，并想方设法在整个项目实施阶段寻求节约投资、保障工期和质量的技术措施。为使计划能够达到期望的目标，需要依靠掌握特定技术的人，需要采取一系列有效的技术措施，实现项目目标的有效控制。

3. 经济措施

一个工程项目的建成动用，归根结底是一项投资的实现。从项目的提出到项目的实现，始终伴随着资金的筹集和使用工作。无论是对工程造价实施控制，还是对工程质量、进度实施控制，都离不开经济措施。为了理想地实现工程项目目标，项目管理人员要收集工程经济信息和数据，要对各种实现项目的计划进行资源、经济、财务诸方面的可行性分析，要对经常出现的各种设计变更和其他工程变更方案进行技术经济分析，以力求减少对计划目标实现的影响。要对工程概、预算进行审核，要编制资金使用计划，要对工程付款进行审查等。如果项目管理人员在目标控制时忽视了经济措施，不但使工程造价目标难以实现，而且会影响工程质量和进度目标的实现。

4. 合同措施

工程项目建设需要设计单位、施工单位和材料设备供应单位分别承担项目实施中的相应工作。没有这些工程建设行为，项目就无法建成动用。在市场经济条件下，这些承包商是通过分别根据与业主签订的设计合同、施工合同和供销合同来参与工程项目建设的，他们与工程项目业主构成了承发包关系。承包设计的单位根据合同要求，要保障工程项目设计的安全可靠性，提高项目的适用性和经济性，并保证设计工期的要求。承包施工的单位

要根据合同要求，在规定的工期、造价范围内保证完成规定的工程量，并使其达到规定的施工质量要求。承包材料和设备供应单位应当根据合同要求，保证按质、按量、按时供应材料和设备。

第二节 管理体系

一、项目管理人员的岗位职责

1. 项目经理

履行项目承包合同，执行质量方针，遵守公司规定，实现工程质量目标。组织项目质量策划和质量计划的编制，实施及修改工作。

组织编制工程项目施工组织设计，包括工程进度计划和技术方案，制定安全生产和质量保证措施，并组织实施。

科学组织和管理进入项目工地的人财物资源，协调分承包方之间关系，做好人力、物力和机械设备的调配与供应，及时解决施工中出现的问题，保证履行与公司签订的承包合同，提高综合经济效益，圆满完成任务。

2. 技术负责人

负责设计、施工交底、技术签证。

全面控制、及时报告工程的安装进度和质量情况。

组织调整施工人员、机械、工具。

做好第一手资料的收集、整理工作，填写施工日志。

协助项目经理做好项目工程的验收工作。

3. 安全负责人

组织项目的职业健康安全和环境管理教育。

参与项目危险源辨识、风险评价及控制策划，参与项目环境因素的识别与评价。

负责项目相关职业安全/环境管理法律法规的识别、收集和提供。

参与项目职业健康安全与环境管理规划、管理方案及技术措施方案的制订，落实相关责任。

巡回进行职业健康安全与环境管理检查，对关键特性参数定期进行监测，发现问题下达整改通知单，并对整改情况进行验证。

负责职业健康安全/环境应急准备检查，按应急预案进行响应。

按分工做好记录的控制。协助技术负责人进行合规性评价。

行使安全生产、环境管理、文明施工奖惩权。

项目经理分配的其他管理职责和权限。

4. 质量负责人

负责工程质量的现场监督检查和分部分项工程的质量验收。

负责一般不合格品的处置，发现严重不合格品及时报告项目技术经理，并负责处置后的质量验收与评定。

按分工做好记录的控制。

行使现场质量奖惩权。

项目经理分配的其他管理职责和权限。

5. 施工员

接受设计、施工交底、签证，做好施工队的施工工序交底。

熟悉施工现场、施工内容、施工工艺流程。

全面控制、报告项目工程安装进度和质量。

做好第一手资料的收集、整理工作，填写施工日记。

6. 质检人员

严格执行国家、行业和地方政府部门颁发的质量检验评定标准和规范，行使监督、检查职能。

依据图纸和有关施工验收的规范技术标准，深入现场检查监督材料质量和工程质量，负责核定工程质量等级。

巡回检查，随时掌握本工程质量情况，对不符合质量标准的情况，有现场处置权。

7. 安全人员

对职工进行进场或上岗前安全教育和文明施工教育，并经常深入现场检查指导安全和文明施工，发现问题及时纠正或提出整改意见，必要时签发书面通知，限期整改。

8. 设计师

负责施工现场技术工作的图纸深化设计。

具体负责与设计单位的沟通、联系，进一步揣摩设计师的意图及风格。

设计施工图中未注明或缺少的节点构造及细部做法，并与设计师沟通，经设计师同意后付诸实施。

负责现场的重要材料加工图或放样图的审核。

负责组织施工、竣工图的编制工作。

9. 造价人员

负责现场合同管理及预决算、索赔等工作，提供工程量完成情况报表，按施工进度进行各阶段完成工程量的审核工作，按合同的要求办理竣工、结算和审查分包的结算。负责项目成本的核算与控制，统计项目各项开支情况，向项目领导提出建议。

10. 资料员

实施项目的文件控制，负责项目所有文件的报批、收发、标识、记录、更改等。

收集整理：工程竣工技术资料和其他记录资料。协助技术负责人的工作，参与施工过程的技术管理。及时沟通相关信息。

项目经理分配的其他管理职责和权限。

11. 材料人员

组织对进场材料进行质量和数量验收，提供材质证明，需要进行复试的及时会同施工员办理。

材料进场前应把材料样品及生产许可证、产品合格证、出厂证、检验情况等以材料申报表形式报监理及建设单位认可，封样后再行购买进场。

负责材料和工具的管理，建立料具领、发、退手续和限额领料制度，建立料具账卡，做到账卡相符，按时填报有关报表。

12. 计划人员

根据总进度计划的目标，编制施工作业计划，参与编制劳动力需用计划、机械设备需用计划、材料构配件供应计划和资金平衡计划。

参与施工组织设计的编制，及时掌握劳动力、材料供应、机械配置等信息，并注意灵活运用。

协调好各种计划之间的关系，注意做到以总进度计划为龙头，其他资源配置计划对总进度计划起到保证作用。

注意收集项目施工工期签证的资料，动态管理施工工期，调整总进度计划并进行跟踪。

二、质量管理体系与保证措施

质量等级：合格，执行施工及验收标准质量保证体系。

1. 项目部成立质量保证小组，由项目经理任组长，设专职质检员。

2. 项目开工前，质检员将编制完善的质量保证计划呈报建设单位批准，并报我单位工程部批准备案，质量保证小组对工程质量负直接责任。

3. 质检员对工程质量有绝对控制权，未经质检员批准，所有工序不得向下放行。

4. 质量管理职责：

根据质量管理体系图，建立岗位责任制和质量监督制度，明确分工职责，落实施工质量控制责任，各行其职。

（1）项目经理职责

履行合同，执行企业质量方针，实现工程质量目标，组织建立和完善项目管理机构，明确项目管理人员职责，建立健全项目内部各种责任制；组织项目质量策划和质量计划的编制、实施及修改工作；组织制订项目其他各项规划、计划。对工程项目的成本、质量、安全、工期及现场文明施工等日常管理工作全面负责；合理配置并组织落实项目的各种资源，按质量体系要求组织项目的施工生产活动；协调项目经理部和建设单位之间的关系。

（2）技术负责人职责

技术负责人作为负责技术的主管项目领导，应把抓工程质量作为首要任务，在布置施工任务时，充分考虑施工进度对施工质量带来的影响，在检查正常生产工作时，严格按方案、作业指导书等进行操作检查，按规范、标准组织自检，互检，交接检的内部验收。

（3）质检员职责

对工程质量严格执行国家、行业和地方政府主管部门颁布的质量检验评定标准和规范，行使监督检查职能，巡回检查，随时掌握辖区内的工程质量情况，对不符合质量标准的情况有现场处置权；负责分部分项工程的检查验收与评定，发现不合格品应及时报告工程负责人，参与制订处理方案，并验证方案的实施效果，行使现场质量处罚权。

（4）施工工长职责

施工工长作为施工现场的直接指挥者，首先其自身应树立质量第一的观念，并在施工过程中随时对作业班组进行质量检查，随时指出作业班组的不规范操作，质量达不到要求的施工内容，督促其整改。施工工长亦是各分项施工方案、作业指导书的主要编制者，应做好技术交底工作。

第三节　管理制度

一、开工管理制度

开工管理是基本建设程序的重要环节，是加强建设管理工作的有效手段。做好开工管理工作，对严格执行基本建设程序，切实保证工程质量、安全，依法规范有序地开展工程建设具有重要的作用。

1. 项目开工前，项目法人应将开工申请报告及有关材料报送项目行政主管部门审查，经项目行政主管部门审查并出具审查意见后，由项目行政主管部门上报开工审批单位审批。项目行政主管部门在受理开工申请后，20个工作日内完成审查和出具审查意见并予以批复。批准文件中应对项目竣工验收的主持单位予以明确。

2. 项目组织管理机构和规章制度健全，项目法定代表人和管理机构成员到位。

3. 初步设计已经批准，项目法人与项目设计单位签订供图协议，且施工详图设计可以满足工程三个月施工需要。

4. 建设资金筹措方案确定，工程列入国家或地方建设投资年度计划，建设资金已落实。

5. 质量与安全监督单位确定并办理质量、安全监督手续。

6. 工程的施工、监理单位确定。施工、监理合同签订，满足工程开工需要。

7. 施工准备和租赁器械、房屋等工作满足工程开工需要。

8. 建设需要的主要设备和材料落实来源，满足工程施工需要。

9. 项目法人提交的开工申请报告，包括以下内容：

（1）工程概况；

（2）项目法人的机构和人员情况；

（3）可行性研究、初步设计文件批复情况，供图协议签订及施工详图供图情况；

（4）投资落实和资金到位情况；

（5）质量、安全监督手续办理情况；

（6）工程监理单位、施工单位招标和合同签订情况；

（7）施工准备完成情况和主要设备及材料采购情况；

（8）其他需要说明的情况；

（9）附录资料：

1）项目法人组建批准文件；

2）可行性研究、初步设计批准文件；

3）建设资金落实情况证明材料，年度投资计划下达文件；

4）质量监督书；

5）施工图供图协议；

6）监理合同及分项工程施工承包合同副本；

7）其他证明材料。

（10）施工前，项目部组织技术人员认真熟悉施工图纸、工程预算书及工程任务书，会同设计师审图，实测主材用量，三日内向采购部提出工程材料计划。

二、进度工期管理制度

1. 目标分解

（1）按项目组成分解到分项、分部、单位工程。

（2）按项目实施程序分解到准备期、施工安装期、验收期各个阶段。

（3）按工程性质分解到每一个专业（分项工程、设备采购、安装工程、配套工程、调试运行工程）。

（4）按标段或任务分解到每一个承包商。

2. 工程进度控制

（1）进度管理控制的目标是按期完工。项目部对在建设过程中各项工作的内容、工作顺序和工作时间在开工前必须进行规划、组织和设计。

（2）对影响工程进度的业主方面、承包商方面、工程师方面、环境方面等因素进行协调、沟通和控制。

（3）工程进度控制的方法和措施：

1）确定进度管理的总目标和分项目标，编制总进度计划和各个单项工程进度计划。

2）在工程施工的过程中，进行计划进度与实际进度比较，发现偏差及时采取措施加以纠正，保证工程进度目标的实现；

3）工程进度控制采取的措施如下

①组织措施，落实进度管理的专门人员和责任；

②技术措施，即达到一定的进度要求所采取的技术和方法；

③合同措施，即在合同条款中明确进度控制的要求与合同工期，规定违约责任；

④经济措施，即为实现进度计划的要求而采取的资金保证措施；

⑤信息管理措施，即不断收集实际进度的数据，并与计划进度进行比较，找出偏差。

4）工程进度控制的方法

①以整个工程项目为对象、工程建设总工期为时段，编制反映各个单位工程和主要专业工程的施工进度计划。

②以年、季、月为时段，按一定的顺序、项目展开的程度和形象及完成的数量编制各单位工程和分部分项工程进度计划。

5）根据工程概况与施工条件分析：施工组织与总体部署；施工方案；施工总进度计划；施工总平面布置；主要技术与管理措施（质量、进度、成本、安全、职业健康、环保、文明施工、季节性措施等）精心编制施工组织设计。

6）施工项目进度计划的纠偏：

如果进度工期偏差影响到计划工期，则需对原安排的进度计划进行调整。

①缩短拖延工作或其后续关键工作的持续时间，将拖延的时间调整回来，保证工期不变。

②调整工作之间的逻辑关系，变顺序作业为搭接作业或平行作业，以缩短局部项目工期；或调整相关工作逻辑关系中的工艺关系，以缩短作业时间。

③如果采取上述两项措施仍无法保证项目总工期，则通过合同途径调整合同工期。

3. 工程延期的管理

（1）处理工程延期的一般程序

1）在延期事件发生的 10 天内承包商应向工程师提出工程延期的意向通知；

2）在延期事件发生后的 30 天内，向工程师提交详细的索赔报告，说明造成延期的理由及有索赔的要求；

3）工程师做出延长工期的临时决定；

4）承包商应在事件结束后的 15 天内向工程师提交最终的详细报告；

5）工程师在收到最终报告的 20 天内，在与业主、承包商进行协商之后，做出决定。

（2）工程师审批工程延期的原则

1）应符合合同条款的要求；

2）延期的工作应位于关键路线上或超过其总时差；

3）依据实际情况、实事求是。

（3）减少延期的因素

业主应做好开工前的准备工作，减少对顺利开工和施工的影响；

施工过程中应少干预多协调，严格履行合同义务，妥善处理延期事件。

三、项目部材料管理制度

1. 计划管理

（1）材料计划包括总概算计划、月度计划，所有计划一式两份：材料员保留一份，另一份上报采购部。

（2）总概算计划在开工之前报出，数据要准确，以作为物料采购的依据。

（3）月度计划在每月 20 日之前报出。

（4）实际需用计划施工员必须提前三天以上向材料员提出，如因提交计划不及时造成停工或其他损失，后果由施工员自行负责。

（5）所有材料计划必须分清单项工程，并写清具体使用部位，材料名称、数量。

（6）所有计划（除辅助性材料计划外）需经项目经理或技术负责人审核签字。

（7）对材料进场时间、材料采购单位、质量标准、储运条件、到货地点等有特殊要求的，需在计划备注中说明。

2. 采购管理

（1）采购单位金额在 10 万元及以上的大宗材料和 5 万元及以上的专用材料，采购前必须实行公开招标确认供应商。投标供应商必须满足招标条件，不得少于三家。开标由材料公司、项目部、采购部共同参与，同时做好二次谈判工作。

（2）单位金额在 10 万元及以下的大宗材料和 5 万元及以下的专用材料，采购前可不实行招投标，采取论质询价的方式确认供应商，询价供应商不少于三家。

（3）项目部月材料采购数量，以项目月度计划为依据，如需增加材料，要由施工人员增补计划，并备注说明增加原因。

（4）月度计划总量应在总计划范围内，月计划总量超过总计划的必须增补计划，并说明原因。

（5）凡属于工程洽商、变更造成材料规格、数量变化增减的，必须在增补计划后附说明。

3. 合同管理

（1）材料合同必须注明材料规格、数量、单价；供应商单位信息必须填写完善（包括单位法定人姓名、电话等）；工程名称必须写清楚，如有修改必须在修改处加盖合同公章，并附上招标评审表或询价表。

（2）周材合同必须注明周材规格、数量、单价；供应商单位信息必须填写完善（包括单位法定人姓名、电话等）；工程名称必须写清楚，如有修改必须在修改处加盖合同公章，

（3）机械设备合同必须由设备员填写进场机械设备性能表，并登记设备入场记录和出场记录，签订材设部要求的标准合同。

4. 库房管理

（1）库房内搭设货架及平台，所有材料分品种、规格上架存放，码放整齐，设立标识。

（2）对有毒、有害、易燃、易爆等危险品应单独存放，并做好防护措施。

（3）对可以长期保存，短期内又不能及时供应的材料，如构件、定制材料等，依据计划提前上料，存放在料场内。

（4）料场所有材料分品种码放整齐。

（5）在库房及料场的明显位置安放消防设施。

（6）对于存放于施工现场的材料，如构件、耗材等必须按品种、规格码放整齐，并尽量避免存放在施工机械车辆进出频繁的场地以减少人为损坏。

（7）施工剩余材料及损废材料要及时清理，禁止在施工现场存留。

5. 材料进出场管理

（1）库管员要对每一批进场的材料做好入场验证记录（需收货人员签字）。

（2）每天到场的材料，库管员必须做好入出库领用凭证，凭证所有内容，必须填写齐全，并符合规定要求（入库单材料来源项必须填写单位全称）。

（3）建立材料领用台账，无论是主材，还是低值易耗材料、工具周转器材一律登记，并注明使用部位，必须由领用人签字。

（4）建立小型机具领用台账，需由领用人签字，并注明领用时间和归还时间。如需报废，填写《小型机具报废申请表》，由材料主管签字，并保存好需报废机具，以便物质部检查。

（5）每月20日由收货人员与供应单位办理对账、结算工作，开具结算证明，并交到材料内业处进行审核。

6. 账务管理

（1）项目材料组按主要材料、地材、辅助材料、周转材料、油料、劳保、工具、配件分别设立八本账目（纸质和电子版本各一份）。

（2）主要材料按构件、设备、线缆、耗材等科目。

（3）辅助材料按五金、工具、器具、油化、其他等科目。

（4）所有单据按类别、日期、分类保管，以便查询对账。

（5）每月25日准时报公司采购部。

7. 与相关部门接口

（1）配合督促施工人员按时上报材料计划。

（2）上料过程中经常与现场施工人员联系，以保证材料及时供应，不误工期。

（3）加强与技术部门联系，以确保所用材料准确、无误。

（4）施工过程中，发现问题及时上报，积极配合解决。

（5）配合开发部门做好成本核算，及时为预算人员提供所需数据。

（6）配合质检人员做好检验试验，及时提供试样、技术资料。

（7）及时提供上料信息、合格证、材质单等资料。

四、工程项目施工质量管理制度

1. 目的

制定工程项目施工质量管理制度，以确保工程项目施工过程得到控制，并最终保证工程项目的施工质量，以满足国家法律法规和建设方的要求。

2. 适用范围和职能

适用于工程项目部施工质量管理策划、施工设计、施工准备、施工质量和服务的控制。项目经理部为工程项目施工质量归口管理部门，其他部门配合项目经理部做好工程项目施工质量管理。

3. 工作程序

（1）组织准备

总经理确定每个项目的项目经理，以实行项目经理负责制，并配备相应的管理人员，以满足工程项目施工质量管理需要。

（2）技术交底

项目经理部应按规定接收设计文件，参加图纸会审和设计交底，与项目施工有关的人员应通过学习设计文件，参加图纸会审（工程参建单位的图纸会审）和设计交底，熟悉和了解工程特点、设计意图，掌握相关的工程技术和质量要求，并从施工的角度提出设计修改和优化意见。

（3）工程项目施工质量管理策划

对于确定的项目工程合同，项目经理组织有关人员（技术、质量、预算、采购等人员），依据项目招投标策划情况、合同要求及技术交底情况，对该工程项目施工质量进行策划，形成项目策划书，具体内容如下：

1）项目质量目标和要求：质量目标包括单项单位工程、分项分部工程目标，可包含检验批优良率、合格率的目标。

2）项目经理部组织机构、人员及岗位职能分配、图表或说明内容。

3）施工管理依据的文件清单和文本，包括国家法律、地方性法规的要求。

4）劳动力配置计划、临时设施和施工机具配置计划、主要工程物资采购计划、分包计划、施工方案编制计划、施工详图出图计划等资源的需求和配置方案。

5）施工场地、水电、消防、临时设施规划，施工现场总平面图。

6）质量关键点及其控制措施，关键工序施工方案，特殊过程管理方案。

7）进度计划及控制措施。

8）检验试验计划（各工序、施工阶段需要进行的检验试验的指标与检测方法），质量检查和验收流程（包含预检、隐检、交接检的时间、频次、验收标准和方法）。

9）突发事件的应急措施（包括预案、应急方案、事故报警、抢救险情等）。

10）对违规事件的报告和处理流程（包括不合格品及质量事故的评审、处置和改进）。

11）应收集的信息及其传递流程（包括应收集的信息内容、收集者、收集方法及沟通和传递的方法）。

12）与工程建设有关方（建设单位、设计单位、监理单位、分包方、政府主管部门、企业相关部门等）的沟通方式。

13）施工管理应形成的记录清单、记录形式和保存要求。

14）质量管理和技术措施。

15）施工企业质量管理的其他要求。

（4）项目策划书必须得到发包方或监理方的认可，相应项目质量计划、施工方案等报审表应经发包方或监理方审批。

1）当项目的施工要求发生变化时，项目经理部对项目策划书进行评审，并适当地进行调整，对调整情况再次向企业相关部门领导及发包方、监理方报批。项目经理部按新的文件要求组织施工。公司工程技术部对工程项目质量管理策划文件的实施情况进行监督。

2）项目经理部按规定向监理方或发包方进行报审、报验。公司项目经理确认工程项目施工已经具备开工条件后向监理方、发包方提出开工申请，经批准后方可开工。

3）施工交底

项目经理部组织技术力量，向参与施工和质量检查的人员（包括发包方的人员）进行施工技术交底，交底以书面方式进行并辅以口头说明，其目的是使施工人员和质检人员对工程特点、技术质量要求、施工方法与措施等方面有全面系统了解，以便于科学的组织施工，避免质量、安全事故发生。交底内容：

①施工范围、工程量、工作量和施工进度要求。

②施工图纸的解说。

③施工方案。

④操作工艺和保证质量安全的措施。

⑤工艺质量标准和评定方法。

⑥技术检验和检查验收要求。

⑦技术记录内容和要求。

⑧其他施工注意事项。

⑨交底应形成记录，记录的形式按项目所在地技术资料的管理规定确定。

4. 施工过程质量控制

（1）正确使用施工图纸、设计文件、验收标准及适用的施工工艺标准、作业指导书。适用时，对施工过程实施样板引路。

（2）调配符合规定的操作人员，特种作业人员应持证上岗。

（3）按工程项目施工质量管理策划规定，配备适用建筑材料、构配件和设备、施工机具、检测设备。

（4）施工过程监控

项目经理部应按图纸规范和方案等要求组织施工，按检验试验计划及时进行检查、监测。对施工过程的检查、监测包括对工序的内部检查、技术复核，施工过程参数的监测和必要的统计分析活动。

（5）根据现场管理有关规定对施工作业环境进行控制。

（6）根据设计要求采用新材料、新工艺、新技术、新设备。工程技术人员对此进行指导，项目经理部对此进行监控。

（7）项目经理部对施工队、分包方、分供方的施工进度、工作进度进行管理控制，确保满足施工进度计划，并保证施工质量。

（8）制定半成品、成品保护措施，确保相应责任人，通过施工作业时的相互监督、巡回检查等方法，确保施工全过程做到防盗、防火、消防及物资的维护。

5. 施工过程的确认

施工过程的确认主要是针对隐蔽工程的事先确认：

（1）对工艺标准和技术文件进行评审，并对操作人员上岗资格进行鉴定。

（2）对施工机具进行认可。

（3）定期或在人员、材料、工艺参数、设备发生变化时，重新进行确认。

（4）施工过程中应做好施工过程及进度标识，确保施工过程具有可追溯性。具体有以下措施：

1）施工人员做好过程记录，包括施工日志、检验和试验报告等表明施工过程状态；

2）根据施工过程特点建立标识，根据施工进度变化调整标识，根据施工变化突发情况改变标识，施工完工后撤销标识。标识的管理需与施工进度相匹配，与施工需求相适应。通过记录可对施工过程进行追溯。

6. 施工过程信息沟通

项目经理部负责做好与工程建设有关方（业主、监理、设计、分包方等）的信息沟通工作：

（1）工程信息（包括与工程有关的要求）；

（2）合同的处理，包括对其的修改；

（3）建设方问询的处理、建设方反馈、包括投诉。

7. 施工过程中的质量管理记录

（1）施工日记和专项施工记录；

（2）交底记录；

（3）上岗培训记录和岗位资格证明；

（4）施工机具和检验、测量及试验设备的管理记录；

（5）图纸的接收和发放、设计变更的有关规定；

（6）监督检查和整改、复查记录；

（7）质量管理相关文件；

（8）工程项目质量管理策划结果中规定的其他记录。

施工记录应符合记录管理制度的控制要求，并在工程竣工交付后由项目经理负责移交给公司档案室存档。

第四节 管理措施

一、建筑工程管理的现状分析

1. 工程设计及材料管理过程中存在不足

随着我国建筑市场的不断发展，建筑结构越来越多。建筑设计和施工的难度有了大幅度的提高，很多设计人员往往会套用图纸，导致建筑结构设计和施工方案不匹配的现象时有发生。建筑工程的质量情况直接关乎着人们的生命健康，且建筑工程的内部受力情况复杂，建筑设计师盲目套用图纸导致无法对建筑受力进行准确的分析，甚至会导致建筑整体受力不均，影响到建筑的整体稳定性和质量。另外，我国建筑市场鱼龙混杂，往往会出现部分开发商为了提高收益、降低施工成本，不顾施工质量，在施工过程中偷工减料，使用不达标的材料进行施工。由于缺乏与之匹配的专业监管人员，滥用材料的现象经常发生，加之建筑工程设计的图纸也缺乏严密性和科学性，加大了建筑施工和管理的难度，无法准确地把握工程质量，导致建筑物存在安全隐患，严重影响了建筑使用寿命。

2. 建筑工程施工人员的素质水平差距较大

虽然影响建筑工程质量管理的因素较多，如施工标准控制不严密、设计标准存在差距、验收标准较低等等，可是影响建筑工程施工质量和管理效率最大的部分就是施工人员的素质水平和管理力度不到位。建筑工程施工的最重要的部分就是劳动力，为了确保建筑施工质量，不但应该确定相应的设计标准和施工工艺，还要确保施工过程中的实际操作质量，这就需要施工人员具有一定的专业素质。目前，我国建筑工程的施工人员大多都是农民工，如何提高农民工的专业水平，使其不断地向技术工人和产业工人转型，是提高工程质量的重要问题。为了确保工程质量，施工人员必须具有一定的专业素质，能够按照我国建筑行业的有关规范和标准，对施工组织设计进行编写和理解，理解关键部分和特殊工序的工作核心部分，确保施工质量和管理质量。熟悉并掌握施工图纸的全部内容，在施工过程中向操作人员进行质量、技术及关键工序和安全工作的交底，确保工程质量。完善工程工序的交接，并做好相应的交接记录。完成工作计划，确保施工质量的管理及文明施工的质量。

施工人员不但要完成施工要求,还应该保证施工场地材料堆放有序,保证施工场地的清洁。

二、提高建筑工程管理的控制措施

1. 完善建筑工程管理的有关制度

加强建筑工程管理就必须建立良好的建筑工程管理责任制,将工程质量安全管理放在首要位置,以此来提高建筑工程质量管理的效率。建筑工程管理的过程中可以制定相应的责任制度,具体到每个施工环节、施工部分和施工项目,确定施工的主要责任人,确定工程项目施工目标,严格按照建筑工程施工表及施工要求进行管理和施工,加强对工程项目的管理力度和监督力度。确保一旦出现问题就能准确地找到相关负责人,制定相应的解决措施,或者对负责人追究责任,使其承担工程项目损失。另外,对于工程管理质量较高、效率较好的管理人员进行表彰,提高项目负责人的工作积极性。责任制的施工管理能够有效地提高工作人员的上进心和责任感,要求管理人员必须拥有较高的安全意识和质量管理意识。有关部门还应该加强对施工人员的安全教育和施工技术培训,确保施工人员能够熟练准确地掌握施工技术和安全措施,完善工程管理体系,确保工程项目的质量。

2. 严格按照施工程序进行施工

在施工之前,工程各行政项目管理人员需要对有关文件进行研究和分析,在施工管理工作中落实有关标准,严格按照施工程序进行施工,高标准地要求控制施工过程,如施工组织设计、施工过程和验收标准等等,一旦发现问题就应该及时地采取措施予以解决,达到标准后方可进入下一施工步骤。管理人员可以根据工程设计的审批方式,结合建筑工程的实际情况,吸取先进的管理经验,选择一种符合该工程的项目管理模式。工程项目施工方案应根据施工实际进度和质量情况进行对应的改变,不断改进和完善,使其适应建筑市场的发展,满足工程管理要求,切忌一项工作未验收合格就盲目地开展下一项工作。

3. 加强建筑工程管理的监管力度

我国建筑工程项目大多数都是通过招投标的方式进行承包的,承包后,如果缺乏对施工单位的监督和管理,就很难确保工程的质量,因此,为了确保工程质量,必须加强对建筑工程的监管工作。对此,监督管理人员需要对工程的实际情况进行分析和考察,结合工程建设目标,设定相应的监管方式及施工组织要求,明确材料的质量要求和施工人员的选择,确保施工步骤和施工进度,对工程项目的各道施工工序的质量情况和操作标准进行监管,确保其满足建筑行业的标准。监管人员必须严格按照施工标准,对工程项目的各项施工工艺进行监督,特别是隐蔽工程的验收和考察,明确各个监管人员的责任和权利,提高管理质量。一旦发现工程质量存在缺陷,就应该及时制止进一步施工,制定改正措施,合格后可进入下一施工步骤。

三、大数据背景下工程项目管理的创新要点

（一）工程项目管理的发展现状

建立完善的规章制度能够使项目管理工作落实得更为有效，对建筑工程管理的发展尤为重要。但是在目前的工程管理工作中，由于对工程管理重视程度不足，导致管理制度制定并不完善。在我国建筑施工技术不断发展的条件下，建筑工程的设计水平和施工技术都快速进步，但是相应的建筑工程管理制度却处在停滞状态，使得相关的管理制度已经不适应现代施工技术的发展，缺乏对目前的施工技术的全面研究。由于法律法规在施工现场并不适用，使得建筑施工管理人员不能够有效地按照相关的制度进行管理，整个项目的管理过程存在着比较大的漏洞，不能对施工现场的质量和效率进行有效管理。

在建筑工程管理当中，安全管理是比较重要的方面。做好安全管理的重点就是对施工人员进行安全意识的教育，但是传统的安全管理方式只有通过贴标语或者开班组会的方式进行安全教育，这些安全教育的方法比较老套，不能适应信息技术的发展，而且施工人员在常态化的安全教育当中也没有受到有效的警示，安全意识的教育需要有针对性地创新发展。目前大多数建筑企业需要进行安全管理的创新，以使施工现场的施工环境、设备的使用都能够得到更加有效的管理，从而对施工起到更好的安全保障，使建筑工程能顺利进行，施工人员能具有足够的安全施工意识。

建筑施工管理人员应该在施工技术的发展中不断学习，促使专业知识得到加强，适应现代化的施工技术，还应该适应信息化的管理需求。目前的大多数企业施工管理人员素质较差，技术掌握比较单一，对施工过程的管理知识掌握不全面。建筑企业应该对自身的发展情况进行针对性研究，从而可以使管理人员的管理水平能够适应建筑企业的发展。还应该对建筑市场的发展情况进行实时掌握，使企业在市场当中占有先机，通过引进先进的管理理念和管理方法，使建筑工程的管理适应时代发展的需求。在建筑工程项目管理中应用大数据是发展的趋势，只有通过引进先进的管理方法，才能够使建筑工程的项目管理变得更加科学合理，让建筑工程企业获得可持续的发展。

（二）大数据在工程项目管理过程中的应用

工程项目管理在大数据下有更多的应用方式，可以通过现代化的手段将多种技术应用于施工管理过程中。通过 BIM、无人机技术等对施工现场进行有效管理，能够使管理的数据更加真实，对现场提供更加实用的指导和更加有效的管理。项目和管理人员应该加强对数据的分析，有效地对施工现场的信息进行收集，实现统筹管理，使数据更加广泛地应用于实践的技术学习当中，这样就可以让大数据处理技术更加有效地应用于实际的工程管理当中。大数据背景下的工程数据信息的来源比较复杂，在工程的项目管理过程中，数据的形式包含着结构化的数据形式和非结构化的数据形式，多种类的数据形式需要进行数据处

理，然后通过大数据相关技术将无效的数据剔除出去，这样就能够使数据更有价值，然后通过对其作用进行分类，使这些数据能得到有效的应用。事物的变化规律可以通过大数据的形式表现出来，为管理人员提供更加有效的参考数据，为管理者的管理提供可靠的依据。在建筑工程管理落实过程中，应该应用好 BIM 技术，使建筑信息模型得到更加真实的构建，这样就能够有效指导施工现场的施工技术，将施工中的技术措施进行落实，使得项目工程的造价控制和质量管理工作更加便捷，从而有效提高其管理水平。

应用大数据进行工程项目管理能够使传统的管理模式顺利转换为信息化的管理方式，实现科学化的升级，从而使工程项目的管理质量和管理效率能有效提高，工程完成得也更加顺畅。通过应用工程项目管理的云计算技术和互联网技术，使得项目的物资采购、项目设计过程可以通过模拟分析进行漏洞查找，从而使过程得到更加可靠的控制，避免采购过程中出现漏洞，造成建筑公司的财产损失。应用大数据可以进行多种类型的决策工作，具有非常广泛的应用范围，能够使工程项目得到更新，有利于工程项目的维护和运营。工程的长期建设过程会受多种因素的影响，而外部环境和内部环境的影响是工程受到的主要影响，会导致项目进行过程变得更加复杂多变。在项目管理过程中如果沿用传统的管理方式，会使复杂的影响因素得不到准确的预测，会使项目的稳定推进受到影响。通过大数据的分析，可以对数据的相关性进行分析，从而可以使数据的分析更加准确。在项目管理过程中应用大数据智能技术，人们可以更加有深度地学习，可以与计算机进行深度交互，实现简单的智能自动化操作过程。通过建立实时沟通的平台，可以使管理人员能够通过平台进行相关研究，对管理方法进行不断的更新，能够使个体的智慧在平台汇集，这样就能更好地实现技术创新，利用覆盖广泛的数据信息，使个人智慧得以扩展，得到更好的管理效果。

通过大数据的集群智能应用，能够使个人的智力成果得到汇集，从而产生更加强大的效果；能够促使相关的管理人员进行进一步地学习和交流。但是我们同时应该注意到信息在传播过程中具有一定的欺骗性，这些虚假的信息检测比较困难，所以会造成相关决策也同时受到影响，使数据的使用效果变差，在项目管理过程中产生错误决策，影响建筑工程的管理。这种情况会造成一定程度的经济损失，同时也会使工程项目的建筑安全得不到保障。应用大数据区块链技术能够使这种风险得到有效防范，能够通过加密算法等技术将数据存储和数据传输工作相结合，能够使工程项目的管理实现创新。

（三）大数据技术在工程项目管理中的创新

通过应用大数据能够使投资成本得到更好的控制，能够为企业创造更好的效益，使工程项目的管理目标能更好地实现。在大数据的存储库当中，有大量的典型数据，可以为具体的施工过程起到指导作用，通过对数据库的整理，能够使项目管理中的数据特征被更好的确认，从而让工程项目中的事物发展规律得到总结，使项目管理中的相似状况得到控制，大数据的价值可以更加充分地展现出来；同时还可以对新工程的多种重点难点问题进行分析，使施工过程中可能出现的失误得到提前辨别，避免新工程浪费的情况出现。

现代建筑项目的工程管理往往具有更加复杂的特点，所以项目管理过程需要付出更多的精力，这对于管理人员来说特别困难。传统的项目管理方式由于管理效率低下，已经不适应现代建筑管理的发展需求，这也同时导致了人工的管理方式容易出现多重漏洞，不利于整个项目质量和成本的控制。而通过应用大数据能够使工程项目管理工作变得更加高效，通过大数据的应用将管理的广泛性进行拓展，使传统管理方式中的低效模式得到有效解决，能够通过建立信息平台极大地提高信息流通效率，使项目管理过程变得更加轻松自如。大数据应用于工程管理当中，可以使相关数据的使用变得更加精确，使管理决策更加准确。

工作人员在工程管理过程中，其管理质量与工程管理的水平关系很大，同时也受工程管理人员言谈举止的影响，这些都是管理过程中的主观意识。在管理人员的管理过程中，如果出现管理行为的不当，就会使管理效果大大降低，这种情况在传统的管理模式中是非常常见的，所以在传统的管理模式中没有办法避免这种主观意识的影响。主要是由于在实际的管理工作中，都是管理人员直接参与管理，成为管理水平的主要影响因素。管理人员通过自身的专业技能和实践经验为施工现场提供可靠的管理，但是由于管理人员主体的素质存在差异性，使得不同管理人员的管理方式也不尽相同，产生的管理效果也有所差异。应用大数据在工程管理项目中进行创新，能够使工程管理项目内容得到有效拓展，而且具有更加宽范的职责范围，通过区分出不同的项目类别，大数据的技术能够将数据通过文档的形式进行大量的存储，这样可以使管理人员更加方便地通过大数据进行工作情况查看，使管理人员的不当行为得到有效控制，使管理人员的管理方式变得更加科学。通过应用大数据的决策功能，能够使数据得到更加全面的分析，使不同类型数据之间的关系更加明确，使管理人员能查看不同数据之间的重量等级，能更好地对不同的管理侧重点进行排序，使管理人员具有更加全面的管理能力，从而做出更加合理的决策。

第五节 实施细则

一、公司各级的质量责任制

1. 公司总经理是负责承担企业工程质量的法定代表人，对公司所承建工程的质量负全面责任。总经理委托总工程师或项目经理具体抓公司的工程质量。

2. 总工程师或项目经理负责实施集团公司质量工作规划，指定质量管理目标，负责确定重点、大工程的质量保证措施，总工程师或项目经理领导质量管理部和工程技术部，对工程质量进行负责。单位工程质量的评定，由质量管理部组织评定，总工程师审核验证。

3. 各项目经理全面负责本项目工程质量和产品质量。分管的技术经理具体抓工程质量，有职有权。各项目经理应尊重技术经理在质量问题上的处理意见。项目部应根据具体情况定出质量管理目标，确定创优质目标工程，制定奖罚制度并切实实施，制定工程质量计划。

4. 项目经理对在建工程的质量全面负责，项目工程师配合项目经理抓好工程质量控制，负责技术交底、过程检查处理、检验批和分项工程的评定验收，汇报和整改质量问题，项目经理在质量问题上应与项目工程师密切配合，尊重项目工程师在质量问题上的意见。

5. 作业班组长主要抓好队组操作质量，提高工人技术素质。保证检验批和分项工程质量达到国家验收标准，不合格者推倒重来，多创优质产品，摆正质量与进度、质量与效益的辩证关系，在抓好质量的基础上促工程进度，降低原材料的消耗。

二、公司质量管理部职责范围

1. 在总工领导下，组织推动生产中的质量工作，贯彻、执行工程质量的有关政策、法令、制度、规范、规程及有关文件，有关规章制度。

2. 在总工领导下，制订和完善工程质量奖罚办法，并组织实施，对分公司进行督促，检查执行情况。

3. 经常深入现场，积极宣传，贯彻质量操作规程，对施工现场进行检查、监督，发现问题及时处理，并立即报告总工程师。

4. 参与重点工程施工组织设计、施工方案的讨论，并对各项目进行监督、检查执行情况。

5. 对职工做好质量教育，并经常对质量人员进行业务指导，并组织学习，不断提高业务水平和工作能力。

6. 组织质量员定期活动，开展质量监督工作，提高质量员的业务水平。

7. 做好工程质量报表，做好分项工程质量月检查评定工作，并将分项工程月检查评定情况汇集上报下发。

8. 在总工程师领导下，拟订目标管理项目，开展优质工程活动，做好组织评定及资料复查工作。

9. 组织工程的基础、主体及竣工的验收工作，听取有关单位意见，提高工程质量。

10. 收集顾客投诉意见，明确责任部门，按要求落实整改问题，使顾客满意。

三、质量检查和评定

质量检查工作，应以自检为主，自检、互检与专职检查相结合为原则，按照现行的施工质量验收规范执行。

1. 自检：队组在操作过程中，应进行自检，每天收工前和完成一定数量的产品以后，由兼职质量员会同项目工程师、作业班长进行自检工作。

2. 互检：工序搭接，不同工种交接时，应进行工序之间的交接检查，发现问题及时解决，通过互检以促进队组之间提高工程质量意识，并弄清各自的责任。

3. 检验批的质量检查：应由项目质量员、作业班长进行检查和实测，对存在的问题进行处理，并填写检验批质量验收记录。

4. 分项工程的检查：应由项目经理、项目工程师、项目质量员进行检查和实测，发现问题及时处理并填写分项工程质量验收记录。

5. 专职检查：公司专职质量员根据项目部的分项工程进行评定，每月组织复查，核定分项工程等级。队组互检由队组兼职质量员签字。

6. 定期的质量检查：公司组织各级质量管理人员开展定期的质量检查，交流经验，开展评比活动，促进工程质量不断提高。

（1）项目经理每月对分项工程进行复查，对于检查不合格的应及时处理，表扬优良，批评差劣，进行奖惩。

（2）质量管理部每季对工程进行抽查，并将抽查的情况汇集起来上报下发。对工程质量成绩显著的单位和项目部给予表扬或嘉奖。

7. 公司质量管理部不定期地开展质量抽查工作，全面监控施工项目的质量动态，严格把好过程控制关。

四、材料、构件的质量验收

1. 所有进场的原材料及工具，供应部门应及时提供出厂证明或质量保证书。工地材料员要对所进材料的规格、数量及外观质量进行检查验收。

2. 各种材料验收：要检查生产许可证、出厂合格证、验用证、进市许可证及质量保证资料，成品出产质量必须符合设计及验收标准，验收人员对成品规格、数量及外观质量进行验收。

3. 所有由生产厂送进场的产品，项目经理在工地应进行检查验收，质量员进行质量抽查。到厂内提货的，应在厂内进行验收，发现质量存在问题，可拒绝接收。

4. 现场材料必须按施工总平面图布置堆放整齐有序，场地要硬化，排水要畅通，特种材料要做好防潮、防火、防腐工作，保证材料在现场存放过程中的质量。

五、质量员的活动及报表制度

1. 每月质量员进行集体活动，活动内容由质量管理部组织，如：
（1）学习规程、规范、质量标准及其他业务知识。
（2）交流情况，分析解决质量通病。
（3）优质工程验收评定。

（4）质量观摩。

2. 每季参加一次由公司组织的质量检查活动。

3. 做好分项工程质量月报，通过检查，如实填写。作业班组在当月末，下月2日前上报各项目部、项目部组织复查，于月后7日内上报质量管理部（一式三份），公司再组织抽查复核。

4. 收集过程控制中的顾客、监理及上级主管部门的满意度信息，收集顾客意见调查表，实施回访工作，均在季度内做出收集统计后上报集团公司质量管理部。

5. 工程质量事故报告。工程质量事故分一般性质量事故和重大质量事故两类。一般事故发生后，应立即与公司取得联系。

六、工程阶段验收

单位工程各阶段的验收工作在该阶段工作完成后进行。单位工程阶段验收分壳体验收、性能测试；分项工程的质量控制资料和质量验收记录及安全和功能检测报告等。阶段验收由各项目部协助建设单位（或监理单位）邀请该工程的设计、监理、质监及公司的有关部门负责人参加。工程阶段验收按下列程序进行：项目工程师介绍工程概况和施工中的质量控制情况，公司技术质量部门介绍质量检查结果。进行现场检测；汇集到会各方代表验收意见；进行主体工程验收签证或提出整改意见写成会议记录及验收报告。为确保单位工程竣工一次验收合格率达到100%，特规定公司所有工程，在完成合同内容后，必须通知公司质量管理部一起进行竣工工程的质量预验收。未经预验通过的工程不得报建设单位进行竣工验收。

七、整体验收

1. 工程预验收必须具备下列条件：
（1）工程合同范围内的分项工程施工完毕。
（2）阶段工程通过验收，性能良好。
（3）工程质量验收资料齐全，质量控制资料基本齐全。
（4）书面的施工情况汇报已完成。

其内容一般包括：1）工程概况：工程名称、建筑面积、预算造价、计划开竣工日期、实际开竣工日期、结构形式、施工环节、内外装饰、施工中发生的特殊情况，甲方、设计、监理、质监情况、总分包情况等。2）工程施工实况：施工过程、设计变更、隐蔽工程。3）工程施工情况：质量预控方法、过程、结果；各分部项实测统计及结果；分部项验收及结果、QC小组活动及结果。4）工程中尚未得到解决的问题及建议。

工程预验收提出整改的内容限期整改，整改结束后及时填写单位工程质量竣工验收记录、质量控制资料核查表、安全和功能检验资料核查及主要功能抽查记录和观感质量检查记录。企业技术负责人评定工程质量等级后才能进行正式的竣工验收。

2. 工程整体验收

整体验收在预初验合格之后由建设单位组织设计、监理、施工等四方人员共同参加验收，验收时应做好验收准备，资料必须齐全，要做施工情况汇报，介绍工程质量概况，填写竣工验收记录，验收通过后共同签证，交付建设单位使用。

整体验收必须具备下列条件：

（1）完成了合同规定的各项工程的内容。

（2）各分部工程质量达到合格标准以上。

（3）工程技术资料正确、齐全。

（4）已签署工程质量保修证书。

（5）书面的施工情况汇报已完成。

3. 屏蔽效能的验收及认证工程结束后，由需方按国军标进行性能检测

（1）如需方对测试结果有异议，可由供方、需方及由需方委托的权威检测单位组成联合验收小组，对屏蔽室的屏蔽效能进行复测认证，测试费用由需方负责。如性能未符合合同规定的指标，供方整修至达到合同要求，发生费用由供方负责。

（2）工程竣工验收一般按下列程序进行：介绍工程概况；介绍施工实况；汇报工程质量情况；提出工程中尚未解决的问题并说明原因；验收人员实地查看验收工程；听取及汇总各方面的意见，评定质量等级；签字办好验收手续，确定竣工资料、竣工决算，完成未了事项及工程结账的制约日期。

（3）其他项目的验收：屏蔽室安装结束后由需方派出专人按双方制订的合同有关要求，对该工程的电气、装饰、通风、安全及其他配置设备进行验收。

（4）交付：在上述两项目验收均合格后，供方将该工程交付给需方，屏蔽验收工作结束，屏蔽合同履行完毕。

4. 屏蔽室质量的保证和售后服务措施

（1）严格按照标准保证施工质量。

（2）屏蔽室移交使用时，供方向需方提供屏蔽室的全部图纸和资料文件，并进行使用培训，需方保证不向除最终使用者外的第三方泄露。

（3）建立质量档案，定期回访用户，检查质量情况；公司设有售后服务机构，可及时排除屏蔽室的故障并及时进行维修；在接到用户维修电话通知后，一般问题立即答复，疑难问题24小时内答复，重大问题在48小时内赶到现场维修处理。

结 语

  我国当前经济发展正处于转型期，公路桥梁作为交通运输系统的主要组成部分，会对地区经济发展和规划形成重要影响，因此需根据工程项目的实际情况制定科学的设计方案，从而提升公路桥梁性能并延长其使用寿命。另外，可适当借鉴国外优秀设计案例，以实现安全性和耐久性的提升。高速公路桥梁的设计应根据不同的地势条件选择不同的设计方案，应从经济方面、正常使用方面、施工方面以及同周围的环境相协调等多方面综合考虑。

  我国高速公路建设项目过程起步晚，项目风险管理处于起步阶段，管理意识相对薄弱，手段也陈旧，缺乏应对风险的防范措施。由于没有科学规范的风险管理，在高速公路建设项目过程中造成了很多不必要的损失。现如今随着社会经济的不断发展，我国高速公路建设正处于高峰时期，从项目风险管理角度来说，这是新的挑战，也是机遇。

  总而言之，高速公路工程管理是极为重要的内容，对高速公路项目顺利建设有极为重要的作用。施工管理的效果将对工程质量产生影响，同时也关系着工程的整体效益。因此，必须提高高速公路施工企业的工程管理意识和能力，对施工资源进行优化配置，实现工程成本以及质量的科学管理，使得高速公路工程项目能够顺利完成。

参考文献

[1] 付强.谈山区高速公路桥梁设计要点及方案比选[J].山西建筑,2022,48(2):135-137.

[2] 吴燕莉.高速公路改扩建工程桥梁加宽方案设计与比选[J].交通世界,2021(35):115-116.

[3] 胡昊.山区高速公路桥梁设计特点与可行性设计准则[J].交通世界,2021(35):143-144.

[4] 刘勇,徐峰,张超,蒋艺.基于BIM的高速公路桥梁养护综合管理系统设计[J].自动化仪表,2021,42(10):106-110.

[5] 邹霖,韩相宏,李丹,鲍胜.山区高速公路桥梁设计关键要点及优化措施[J].工程建设与设计,2021(19):82-84.

[6] 李新.山区高速公路中小跨径桥梁设计[J].西部交通科技,2021(9):151-154.

[7] 谢士清.山区高速公路桥梁设计特点与可行性设计准则[J].智能城市,2021,7(16):39-40.

[8] 何杨.高速公路桥梁承台施工及钢吊箱设计[J].山东交通科技,2021(4):22-24.

[9] 李建军.高速公路拼宽桥梁设计研究[J].交通世界,2021(24):62-63.

[10] 魏周博.山地高速公路标准化跨径桥梁设计[J].散装水泥,2021(4):111-113.

[11] 杨希尧,焦天涵.山区高速公路桥梁设计研究[J].四川水泥,2021(8):292-293.

[12] 赵雅.承朝高速公路独柱墩桥梁抗倾覆性验算及加固设计[J].交通世界,2021(22):14-16.

[13] 吴军.高速公路道路桥梁设计中存在的问题及应对措施[J].河南科技,2021,40(15):101-103.

[14] 胡晓晔.高速公路桥梁拼宽设计[J].交通世界,2021(14):123-124.

[15] 张俊生.高速公路桥梁端承桩的设计原则与优化措施[J].交通世界,2021(14):151-152.

[16] 刘思远.高速公路桥梁工程施工管理的探讨分析[J].黑龙江交通科技,2020,43(12):271,273.

[17] 张祥茂.高速公路桥梁工程施工技术管理分析[J].四川建材,2020,46(6):207-208.

[18] 穆文元. 高速公路桥梁工程施工质量管理 [J]. 设备管理与维修，2020(8):54-56.

[19] 李海龙. 高速公路桥梁工程施工管理过程及质量控制 [J]. 建材与装饰，2020(06):261-262.

[20] 宋群生. 高速公路桥梁工程项目施工管理优化研究 [J]. 建材与装饰，2019(15):251-252.

[21] 詹超宇. 高速公路桥梁工程施工的安全管理策略 [J]. 交通世界，2018(24):164-165.

[22] 刘鸿. 高速公路桥梁工程项目施工管理优化研究 [J]. 价值工程，2018，37(25):26-27.

[23] 白伟伟. 高速公路桥梁工程施工的安全管理方案分析 [J]. 四川建材，2018，44(4):233，249.

[24] 陈亮. 高速公路桥梁工程施工的安全管理策略 [J]. 住宅与房地产，2018(9):155.

[25] 范晶荣. 高速公路桥梁工程施工管理的必要性研究 [J]. 工程技术研究，2017(4):147-148.

[26] 丁启迪. 高速公路桥梁工程施工的安全管理策略 [J]. 山西建筑，2017，43(11):255-256.

[27] 蓝智贤. 山区高速公路桥梁施工难点和工程管理浅谈 [J]. 建设科技，2017(3):89.

[28] 李倩伟. 高速公路桥梁工程施工的安全管理策略 [J]. 交通世界，2016(33):110-111.

[29] 宋人武. 山区高速公路桥梁施工难点和工程管理浅谈 [J]. 低碳世界，2016(23):194-195.

[30] 曾艳春. 高速公路桥梁工程施工管理 [J]. 交通世界，2016(22):122-123.

[31] 史建峰，陆总兵，李诚. 公路工程与项目管理 [M]. 北京：九州出版社，2018.

[32] 李栋国，马洪建. 公路工程与造价 [M]. 武汉：武汉大学出版社，2017.

[33] 汪双杰，刘戈，纳启财. 多年冻土区公路工程施工关键技术 [M]. 上海：上海科学技术出版社，2019.

[34] 廖明军，王凯英. 高速公路 [M]. 北京：中国质检出版社，2013.

[35] 吴留星. 公路桥梁与维修养护 [M]. 北京：中国纺织出版社，2020.

[36] 于保华. 北京高速公路巡检养护手册桥梁隧道 [M]. 南京：东南大学出版社，2019.

[37] 汪双杰，陈建兵，王佐. 高海拔高寒地区高速公路建设技术 [M]. 上海：上海科学技术出版社，2019.

[38] 王明慧. 西南山区高速铁路建设技术与实践 [M]. 成都：西南交通大学出版社，2017.

[39] 朱红兴，段军，白晓波. 高速公路施工标准化管理手册 [M]. 成都：西南交通大学出版社，2016.